與你的指導靈成為好麻吉

8週學會陽光通靈課程

作者——李天民（Mophael）

目錄 CONTENTS

Week 1

第一週／第一次接觸——溝通管道建立

Week 2

第二週／頻道打開，加深連結

Week 3

Week **4**

第四週／療癒內心受傷小孩

Week 5

第五週／通靈專業魔鬼訓練——成為職業通靈好手

Week 6

第六週／如何閱讀脈輪

Week 7

第七週／如何看前世——今生問題的解藥

Week 8

第八週／如何看能量——輕而易舉來感應

推薦序一

接通宇宙光與愛的光行者

馬修・恩格爾

每個人，都有接通宇宙療癒能量、智慧、真理的能力。從事心理諮商十五年，輔導千萬客戶的我，發現靈性力量和直覺能力，對療癒是必要的。當進入平和靜心的狀態，內在智慧及靈性療癒能量便垂手可得。許多現代宗教告訴我們，我們和上帝、佛陀及宇宙是分開的。但我相信，所有人都能取得祂們愛的智慧，我們和宇宙愛的意識是合而為一的。這愛的能量，能引導我們穿越痛苦的挑戰。我親眼目睹許多人，選擇長期靜心冥想，傾聽宇宙呢喃，生命因而美麗蛻變。

十五年來，我見過客戶嫉妒之火、不理性思維、自戀行為、失去摯愛、深沉悲傷、倍感隔離、不知如何在事業、感情中抉擇、受到虐待、童年深受創傷、因錢焦慮、夢想人生破滅。有些人試著用理智去了解傷痛，卻將可能性侷限在EGO（小我）的天地裡。有些人生命因此癱瘓，甚至被憤怒及悲愁困住。有些人探向內心、靈魂、跟宇宙的連結，於是，找到力量、勇氣和智慧。

幾世紀來，中醫主張精氣神合一，相信只要氣能流通，就能療癒身體及靈魂。我認為，接通宇宙愛和光的能量，及靈魂內在的力量，指點人生旅程，就是所謂的「通靈」。

幾年前首遇Mophael時，他正歷經重大悲傷及困惑。對於無力控制的人事，感到十分自責。想要改變，卻不知如何著手。於是，他積極靜心冥想，輕易就接通愛的能量，協助他釋放擴張及成長的障礙。在通靈空間裡，他取得療癒的能量，療癒了靈魂，揮別過去大步前進。在極短暫的時間內，他做出重大改變，吸引來幫助他進化的必要工具，開展人生新的一頁。

Mophael因通靈而生的快速進化，是很棒的提醒：不是只有大師，才能接通靈性智慧。每天不斷碰到考驗的我們，也是可以通靈的。

儘管百餘年來，人類科技進步，我們的社會還是充滿著恐懼、為生存而戰、競爭、困惑、傷痛、與靈魂分離，及各種癮頭（藥物、感情、困難、物慾）。我真心相信，要是更多人接通靈魂愛的智慧、宇宙的能量，我們的世界將更加光燦亮麗。

Mophael已透過通靈轉化人生，是有遠見的光行者。

我，讚賞他大方分享通靈的知識。

他，是現代的發光體。

馬修・恩格斯（Matthew Engel）

美國加州註冊心理諮商師、美國國家催眠協會認證催眠療癒師、直覺諮商師、人生教練。

網址：www.matthewengel.com

推薦序二

通靈的天生好手

赫里斯・波克

職業通靈二十五年的我知道，每個人天生都有直覺。有些人，像我學生Mophael，就特別有天分。很開心，他寫出《與你的指導靈成為好麻吉：八週學會陽光通靈課程》，分享他的教學方法。

不管天資如何，找到好老師的好處太多。幾千年來，人們千里迢迢尋訪大師。現在，網路及電信，讓你能跨越時空，找到很棒的老師學習。這樣的學習效果，一樣很棒！因為，所有靈魂都是一體的，不需要面對面，就能學到好功夫。

就算不透過通訊科技，一本好書也助益甚大。開始學習通靈時，我就看書自修，得到極大的幫助。這本書，是Mophael教授「八週陽光通靈課程」的結晶，不但教你安全、好玩地連結能量，更附贈引導通靈CD，讓他的能量化成聲音，引導你輕鬆通靈。這套教學方法，學成率近乎百分百。

若要有效連結指導靈、天使、大我、高次元能量，得到自我療癒的引導以發揮無限潛能，不斷練習，就非常重要了。配合書中八週進度，Mophael還跨越時空，首創「指導靈麻吉團」，提供大家一個網路練習空間。這點子，真是太棒了！

英語是我的母語，法語為第二語言。文字直譯，常常翻不到精髓。好的翻譯，也只能針對原意改寫成其他語文。沒有什麼比閱讀原創，更來得精彩入味。這本書，是華文市場中，第一本原汁原味的通靈教學著作。倘若，你和Mophael一樣，母語都是中文，這本書，絕對是最棒的一本靈性書籍。

賀里斯・波克（Hollis Polk）
美國哈佛大學企管碩士、NLP教練、職業通靈老師、人生教練。
網址：www.888-4-hollis.com

前言

通靈，開創無限可能。

來，分享一個真實故事——

剛踏進靈性成長殿堂時，曾到朋友媽媽在南部山裡開設的廟裡，去學打坐、靜心的妙方。朋友的媽媽有個法號——「慧明師」。當時，她跟我說，我身邊有兩位「靈體」跟著，只要我培養浩然正氣，這兩位靈體，會反過來幫助我。因此，她非常鼓勵我靈修，也寄望我可以加入他們，替他們推廣光明正法。

當時，我嚇得半死，因為聽到「靈」這個字的關係。幾千年來，我們的文化當中，對「靈」這個字，加上了諸多的誤解及恐懼。後來，我在美國拜師學了「通靈」。兩位老師都很正派，一位是加州註冊心理諮商師馬修．恩格爾（Matthew Engel），另一位是哈佛大學企管碩士赫里斯．波克（Hollis Polk）。他們兩位，通靈的經驗都超過二十年，也都用它來協助人們靈性成長、自我療癒。

對通靈有了正確的認識以後，我才明白，慧明師當初提到那兩位跟著我的靈體，就是我的指導靈。而她，其實在鼓勵我成為光行者。只是，她沒用這個名詞，用的方法也很傳統，也就是——用恐懼的能量來嚇唬我。她也許並不自知，我猜想，她也是這樣一路被教出來的。

我並沒有因為慧明師說我是光行者的料，而走上這條路。她的方法，只讓我惶恐不安。在正式行光之前，我也沒想過要幫助別人。當時，憂鬱症纏身的我心裡還想：「自己的問題已經夠多了，哪有餘力去傾聽別人的煩惱？」

當我明白，心想事成、創造豐盛真正的祕密，是釋放心裡的負能之後，就開始替人「能量疏通」，展開了所謂行光之路。只不過，當時自己以「人生教練」自居，還沒將愛和光掛在嘴邊或心間。好玩的是，開始協助人們釋放負能的同時，自己也接受催眠療癒。沒想到，我與生俱來的通靈能力，居然在深度催眠中醒轉過來。

於是，我終於了解：我早已在不知不覺之中，開始了行光之路。

因為通靈，我對能量的感應力，也變得敏銳起來，進而創造出「慈悲手」、「想像療癒」等有效、又有趣的靈療工具。我也因此找到我的天命之一：訓練出一批批的光行者，更普遍地協助地球及人類進化。另外，我的靈性成長和自我療癒，更因為通靈，有了重大的突破；生活，也過得更輕盈、更喜悅。

這些改變和成長，都是和指導靈溝通必然的成果。

慧明師，當時的確因為開了天眼——我推論，這是她會通靈的結果，看出我是位準光行者。然而，她跟我點破之後，我並未採取行動。反而是後來在自我療癒、天命探尋的過程裡，由我的靈魂及指導靈引導我，才理所當然踏上這條路的。

通靈，是個很安全、很安心的工具，不但能幫助你靈性成長，更能喚醒你本來就有的靈魂潛能，引導你開創無限可能、實踐富裕生活、寫下精彩人生——而且，就在今生今世。這不但是我個人走過來的經驗，更是我無數學生的心路歷程。正因為如此，我才會大力推廣安全、陽光地通靈。

與神對話，自己來。

本書以安全透明、健康有趣的方法，協助你喚醒與生俱來的能力——「通靈」，也就是和指導靈溝通，讓你也能與神對話、和天使哈拉。在書裡，Mophael分享通靈多年真實案例，以及簡單有效的操作方法。這套完整的系統，其實就是一門設計精巧的通靈課程，作者用它教導通靈已超過三年，不但讓通靈變得輕鬆又好玩，學成率更高達百分之九十九。

本書特色：

1. 本書將提供「練習問題」，由淺而深，協助讀者以最有效率的進度，強化與指導靈的連結，循序漸進、建立信心、去除懷疑，達成頻道暢通的目標。
2. Q&A為教學主軸，從回答一般常見的問題出發，替你建立靈性成長、關於靈界的正確概念。概念簡單易懂，化解傳統恐懼能量；方法輕鬆上手，散發溫暖的愛和光。

3. 附贈作者精心錄製的「Mophael引導通靈CD」，讓讀者可以在家DIY學習。
4. 完全公開進步神速方法：交叉練習、互助網絡、進度建議、按表操課。

課程說明：

《與你的指導靈成為好麻吉》的課程設計，一共有八週，分兩個部分。前面四週，為初級、中級，有效協助初學者，建立及強化與指導靈的連結。後面四週，以訓練專業通靈人為標準，深入設計四個專業主題，公開職業通靈人的專業祕密。

使用方法：

建議你，按照書中建議問題、操作方法、進度課表，一週一週跟著進度學習，並且加入「指導靈麻吉團」，建立練習互助網絡。那麼，八週以後，你就是下一個專業又神勇的職業通靈人。

WEEK 1

第一週

第一次接觸——溝通管道建立

什麼是通靈？

通靈，就是「和你的指導靈溝通」。

通靈，通的是什麼靈？

通的是「你的指導靈」。

指導靈是誰？與神明、天使、大我有何不同？

指導靈，是我們靈魂的導師或指導教授。就像人類教育制度中的小學導師，或是大學指導教授。祂們不拿教鞭，不發脾氣，更不處罰我們。祂們在我們生命中扮演的角色，因靈魂進化的程度，以及今生學習的目標而不同。祂們主要的任務，是協助靈魂在地球順利學習和進化，所以，只要你誠心誠意地開口請祂們幫忙，祂們會非常慈愛、極有耐心地指引你，走過生命中的重重考驗，找到每個挑戰後面的禮物，創造你嚮往的人生——真愛幸福、成功豐盛、喜悅自在。

我個人認為，指導靈就是我們文化中的神明。以研究天使著名的朵琳・芙秋博士（Dr. Doreen Virtue）指出，每個人至少有兩位守護天使。根據我的經驗，這守護天使，就是我們的指導靈。只不過除了守護天使之外，還有其他更多種類的天使，像是上帝的助手大天使麥可（Michael）、療癒大天使拉斐爾（Raphael）、危難救助、追尋愛情等任務不同的天使。

大我，就是我們的靈魂，也有人稱「高我」，是從英文Higher Self直接翻釋而來的。祂通常對我們今生學習的目標，以及進化的目的地，有概括性的了解。和指導靈不同的是，大我也是還在學習的靈魂，不可能知道靈魂所有學習的細節，以及通過考驗的方法，和指導靈比較起來，進化程度較為資淺。通靈的過程之中，你當然也可以連結大我，只是，祂無法解答你所有的困惑。祂的確是累積了生生世世的智慧，以及豐富的人生經驗，也能提供你十分寶貴的意見。

《與你的指導靈成為好麻吉：八週學會陽光通靈課程》所分享的方法，主要是和「你的指導靈」溝通。

通靈與乩童有何不同？

別被這個答案嚇到——兩者的基本精神，其實沒有太大差別。它們都是和指導靈溝通。只是在廟宇文化中，指導靈被稱為神明。兩者的操作方法有很大的差異。**這裡的通靈，要教你的是「有意識的通靈」，在整個過程裡，你的意識十分清醒，除了能將訊息清楚帶回來之外，你會記得自己說了什麼、做了什麼。**乩童通靈，是「無意識的通靈」，也就是說，乩童進入無意識狀態，不記得自己說了什麼，或做了什麼。兩種通靈方法，沒有誰對誰錯，也沒有誰好誰壞。對於主觀意識強烈、習慣過度分析的人來說，無意識通靈，反而是比較好的選擇。因為藉由進入無意識狀態，釋放掉意識的干擾，增加帶回訊息的客觀性及精確度。

從外表看起來，意識通靈者就像一般人在對話的樣子，不需要特別的膜拜儀式，詢問問題的人，甚至看不出對方在通靈。乩童通靈前，可能先要淨身齋戒，還有斬雞頭、跳火炭等神祕儀式，感覺起來較陰森恐怖。我猜想，這繁複手續及森森戒律，只是為了要人們敬畏神明，是組織宗教最常用的手段——也就是以恐懼能量來控制人心，叫信眾唯所是從。其實，了解通靈本質的人都知道，沒有這些外在儀式，一樣可以和指導靈們清晰溝通。效果一樣讚！

為什麼要通靈？

倘若能喚醒通靈的能力，就等於和一群「靈性指導教授」接上線，不管是靈性成長，或是創造豐盛，無異擁有一個超強智囊團，上知天文、下知地理，對創造理想的人生，可以說是無往不利——像是有效自我療癒、求得感情真命天子、實踐熱情與天命、享有豐盛喜悅，都能得到超高視野的引導。

簡單地講，通靈，幫助我們快速地靈性成長。靈性成長，是我們投胎來地球這所「靈性大學」的主要目的——其中也包括追尋天命、擁有幸福、創造豐盛、享受自在。

通靈，還可以強化直覺、打開創意。我在美國拜師學藝時，就遇到不少畫家、藝術家來學通靈，他們紛紛表示，進入通靈空間時靈感十足，有的甚至將收到的畫面，直接轉到畫布上，成為生動脫俗的作品。另外，也有音樂人來打開通靈頻道，幫助他們創作音樂。而我自己，就有過不只一次的經驗，在通靈的狀態下，以極短的時間，創造出結構甚為複雜的長篇小說。

通靈，可以DIY嗎？

當然可以，本書的首要功能，就是將我多年通靈學習及教學的經驗，化成簡單易懂的概念、安全陽光的方法，協助你有效通靈，完完全全DIY。

通靈，是靈魂與生俱來的本能，是一種心電感應。只不過，在能量偏厚重的物質界，或說實相界——也就是地球或三次元空間，這個能力睡著了。所謂學習通靈，不過是喚醒你本來就有的能力罷了。以人類生來就有的能力來做比喻，就像人人都可以唱歌，只是有些唱得動聽，有些唱得吃力，然而，只要經過訓練及練習，都可以唱出一定的水準來。

倘若能看清楚通靈的本質，你就能輕易了解，通靈，是靈魂之間本來就有的溝通工具，不是什麼特異功能，也就不會迷失在古人對它的誤解或包裝裡，認為要修行個幾千、幾萬年，先成為什麼蛇精猴怪，才能開竅上手。

又，許多西方靈媒連結大天使麥可帶回來的訊息，以及英國知名光行者——李．哈里斯（Lee Harris）的能量預測，都不約而同提到：「二〇一一年，**是學習通靈的大好時機。**」因為宇宙不斷送來輕盈美好的能量，支持且協助我們打開天眼，增強通靈的共振能量，更能提高學成機率。事實上，在二〇一二年以前，甚至以後，整個地球的能量變動，還會再加速進行。這些能量的改變，都是為了幫助地球進化，讓人類更接近靈魂「愛和光」的本質，而將靈魂的本能——包括通靈的能力，一一喚醒。這也就是為什麼，你也可以快速地學好通靈的原因。總之，我們可以好好利用這些能量的變動，安心、安全、又有效地通靈DIY。

靈魂是什麼？為什麼來地球？

靈魂是一團能量。《般若波羅蜜多心經》裡所說的：「色即是空，空即是色」，談的就是能量，而不是色情或情色。它清楚點出來，**所有物質都是能量，而能量是隨時在變動的。因為不斷變動，所以有無限可能性。這無限可能，就是所謂的成長及進化的空間——靈魂來地球學習的主要目的。靈魂，因此不斷輪迴。**

關於這個輪迴之說，我深信，在東方文化中長大的我們都能接受。在美國，除了知名靈媒蘇菲亞．布朗（Silvia Brown）、蕾貝卡．羅森（Rebecca Rosen）的通靈結果之外，就連原本不相信靈魂輪迴的心理醫生布萊恩．魏斯（Dr. Brian Weiss）、麥可．紐頓博士（Michael Newton, Ph. D.）都發表著作，公布實驗或執業結果，證明靈魂的確存在，也果然是投胎來地球學習與進化的。

會不會通到邪靈、低靈、惡鬼？

用不同的心態通靈，不同的角度看待靈魂，就會吸引不同的學習經驗。對於靈界的認識越多，或是越正確的話，對學習通靈也好，個人心靈成長或靈性成長來說，都有一個比較確定的方向，或是有一個——根本的依歸！這樣比較不會走得心慌，也不至於迷失於玄學、神祕學的絢爛，忘記靈魂基本學習及進化的目的。

麥可．紐頓博士的著作《靈魂的旅程》（*Journey of Souls*），是針對全球進化程度不同的靈魂，所做出的研究報告。該書印證了所有靈魂都來自光裡，沒有所謂的邪靈、低靈、惡鬼。作者麥可．紐頓博士是一位訓練有素、執業多年的心理醫生，最早的時候，並不相信前世，更不相信輪迴。有一次，碰到一位女客戶，因為身體某部位疼痛久癒不治，就以催眠協助她尋找療癒的根源。在催眠中，他下了一個指令，讓她回到疼痛首度發生的時間點。因為之前不相信前世，麥可預期她也許會回到童年，可能撞傷或是怎樣的那個時候，沒想到，這客戶一下子跑到前世去了。因為她所帶回來的訊息、說話的方式、對當時背景的描述鉅細靡遺，讓他不得不相信。於是，他就開始了研究靈魂及靈界的工作。

他研究的方式，是將客戶帶入深度催眠，回歸靈魂的身分，回應他對靈界的好奇。藉由這個方式，了解投胎輪迴、靈魂功課的設計，以及靈界的種種——包括我們死了之後，靈魂會回到哪裡？回去的過程怎麼樣？回到靈界之後，做些什麼事情？我們的爸爸媽媽，在今生扮演的角色是什麼？為什麼要扮演這樣的角色？另外，在我們投胎之前，誰替我們設計靈魂課程？又經過靈魂之間什麼樣的協定等等。

根據麥可．紐頓的研究，靈魂都是善良的，沒有所謂的邪靈、惡靈、黑暗之靈。至於，有沒有鬼呢？有的！可是，這個鬼呢，只是一些心願未了，還徘徊在地球——就是我們講的——還留戀在人間，不願回到靈界去的靈體。鬼魂，是能藉由能量的轉換或操控，移動這個物質界裡的東西。比如說，有些人覺得屋子裡鬧鬼，聽到地板上拖著腳步的聲音，或者，門窗莫名其妙地打開，卻看不到半個人影。這些小動作，靈魂的確做得到。然而，祂們也只能這樣而已，不像民間傳說得那麼可怕，法力高強到足以害你生病、惡運連連，甚至把你逼死！

沒有這回事！

我個人非常贊同這個研究結果，縱然，我也深信「道可道，非常道」，意思是說：宇宙的真理，要能三言兩語道清楚，就不是宇宙的真理了！宇宙，浩瀚無垠，我們所能理解的，真的只是冰山一角、鳳毛鱗爪罷了！我完全沒有企圖，要改變你原本對於「鬼」或「靈」的信念。就算真有此企圖，你幾十年的信念，要一下子更改過來，也不是件容易的事，對吧?!

來說個真實故事。

我有個女學生，我們在這兒稱她為小花。她跟我學會了通靈。某天晚上睡覺前，將鬧鐘設在隔天清晨六點，也將電話接線自牆上接頭拔掉，就怕被電話吵醒睡不好。另外，擔心自己不小心睡過頭的她，還在閉上眼睛前，請指導靈準時在六點叫她起床。

隔天早上六點，她被電話聲叫醒。

她嚇得半死，透過 Skype 對我轉述時，仍心有餘悸：「我覺得自己通到不乾淨的東西了！好可怕！」

「為什麼——」我笑笑反問她：「妳會這樣想？」

「響的居然不是鬧鐘，而是電話！」

鬧鐘，可能在六點準時響了，被她按掉，所以她以為沒響。這不難理解。小花的聲音裡，透露著歇斯底里的能量：「我還特別在睡覺前，將電話接頭拔掉，結果，它居然還是響了！太可怕了！」

我還是淡淡回覆著：「妳覺得是通到了不乾淨的東西，我反而認為，這是個奇蹟耶！妳不是請指導靈準時叫妳起床嗎？電話本來不該響，但因為它響了，所以妳六點起床了，不是嗎？妳不是要指導靈叫妳起床嗎？鬧鐘響了，妳沒醒，祂知道妳怕電話吵，於是選擇了最強效的工具，把妳給叫醒啊！」

你呢？你覺得這是鬧鬼？還是奇蹟？

現在你能明白，我稍早時說的話了吧！

——用不同的心態通靈，不同的角度看待靈魂，就會吸引不同的學習經驗。

再說另一個故事，關於春夢了無痕。

也是個學了通靈的女學生，上課時突然提說，那陣子常常做春夢，懷疑自己是不是通到了邪靈或怪靈。

我問她：「妳為什麼覺得做春夢，就是不好的、就是邪惡的？」

她愣了許久，沉默以對。

「有沒有可能，妳把春夢當作是骯髒的，所以才會覺得自己通到了邪靈、惡鬼？」女學生依舊回答不出來。

「如果春夢和其他夢境一樣，是妳潛意識裡有某種能量需要釋放，這是很正常的。」我繼續追問：「為什麼，妳要當它是邪惡的呢？妳仔細想想，在這裡，真正的魔鬼是什麼？」

在當下，女學生釋懷了，明白真的魔鬼，來自我們貶抑性愛的保守文化，長久以來，對她造成極強大的女性心魔。

事實上，因為通靈，這些需要釋放的性壓抑能量，才得以釋放，在我看來，是美事一樁啊！

通靈，到底會不通到邪靈、低靈、惡鬼？

讓我這樣回答吧！假設你還是有這個疑慮，是正常的。我真的可以理解！我以前也怕鬼怕得要死，曾因為有位老先生到我家對面跳樓自殺，屍體橫陳在陽台之外，嚇得我不敢一個人在家，硬是找了個朋友來陪我過夜。好玩的是，在美國拜師學了「陽光安全通靈法」，也看了不少描述靈界的相關書籍，我再也不怕了！真的，一點也不怕了！我真心感謝通靈，讓我變得勇敢，變得無所畏懼。其實，與其說勇敢或無懼，不如說是因為更了解靈魂及宇宙的本質——其實都是「愛和光」。

然而，你如果還是擔憂安全的問題，我會在稍後，將保護你自己的方法分享給你，步驟很簡單，也很容易上手，請不用擔心囉！

通靈的科學原理

通靈，就是用你的右腦，直接連結宇宙、指導靈，或是天使的能量，再把右腦接收到的訊息——也就是問題的答案，傳送到左腦，接著，再用語言或者文字轉譯出來。這個過程，就叫做通靈。

好，來解釋一下，左腦跟右腦的功能是什麼？以下這番訊息，是有科學根據的。這是美國一位研究大腦的博士——吉兒．泰勒（Dr. Jill Bolte Taylor），在她的著作《奇蹟》（*My Stroke of Insight*）裡所說的。

很多年前，吉兒．泰勒博士因為腦中風，左腦嚴重受損，一共花了八年的時間休養，才恢復正常。在這個經驗中，她深刻體驗到，**我們的左腦管的是邏輯、分析、語言、組織等等。以地球的線性時間來講，它管的是「過去」和「未來」**。《一個新世界：喚醒內在的力量》（*A New Earth*）和《當下的力量：找回每時每刻的自己》（*The Power of Now*）作者艾克哈特．托勒（Eckhart Tolle），一直鼓勵大家保持臨在，原因是：我們通常會把過去所受的傷害背負在身上，認為那就是我們。它代表我們的身分，讓我們以為，自己是個受害者；而對於未來，我們很本能地感到恐懼，因為我們看不到、摸不到未來，對未來一無所知，而心生無限恐懼。**右腦管的，像是藝術、能量，或是休閒活動等陶冶性情的事。因此，唱歌、彈琴、畫畫、能量上的疏通，或是瑜伽、跳舞，都可以滋養右腦。在地球線性時間上，右腦管的是現在，符合「活在當下」的修行哲理。**

吉兒．泰勒博士是因為左腦受傷而中風，在這兒有兩件事情，是我要特別提出來的。第一件事，在左腦休養期間，她每天都開心得不得了。記得嗎？左腦管的，是過去的包袱跟未來的恐懼，因為無法正常運作，她完全記不得這些煩惱事，每天都過得快樂似神仙。第二件事，當時的她只剩下右腦還能正常運作，而右腦管的，就是藝術、興趣、能量相關的事。根據她的親身經驗，在住院期間，醫生、護士來巡房的時候，她憑著進門的第一句話，就能夠感應到，他們說的是真心的關心話，還是敷衍的應酬話。

這個經驗太有趣了！

為什麼？因為人跟動物一樣，本來就有這個能力，能夠直接感應能量。也就是說，醫生護士雖然嘴巴上問：「你好嗎？」一副很關心病人的樣子，但是，心裡頭真正在想的，可能是這個月底要交哪張信用卡的卡債。事實上，我們的右腦可以感受到這些能量，因為，那是我們靈魂的本能。其他動物也一樣有這種感應力。牠們的直覺甚至更明顯、更敏銳。當有天然災害來襲的時候，牠們都能預先感應得到，同時事先離開避難。這個就是牠們感知的本能。我們人類也有的！只不過，因為我們從小到大，都被訓練得過度使用左腦——你要懂事、你要理解、你要運算、你要分析，也必須用語言來傳遞一個意識、轉譯一個概念。正因為如此，我們花了太多時間在使用左腦上。這就是為什麼大多數的人，都對於未來感到恐懼，也沒有辦法丟掉過去的包袱！要做到活在當下的臨在快意，簡直比登天還難！

吉兒．泰勒博士的故事告訴我們，右腦能夠直接感應能量。我甚至認為，右腦可以感應及接收高次元靈魂的能量——也就是指導靈及天使的能量。指導靈等高次元靈魂的能量，跟地球實相界的能量相比，是輕盈、細緻許多的。因為祂們不屬於物質界，所以我們看不到祂們，也摸不到祂們。祂們的能量振動頻率比較高、比較細，也比較快。因此，**只要把我們的能量振動頻率提高，就能夠輕易跟祂們的能量共振，用右腦來接收祂們的引導，再送到左腦去，透過那兒邏輯組織以及語言轉譯的能力，將它化成語句，清晰表達出來。**所以啊，只要把肉身的能量振動頻率提高，跟指導靈、天使，甚至精靈的頻率一樣，就可以和祂們直接溝通，帶回愛和光的智慧與經驗。

這，就是通靈。

看到這兒，你也許會想：「我們也能和精靈溝通囉？」沒錯，也包括精靈！事實上，我教過不少學生，天生就和精靈的能量很接近，能夠和祂們直接對談，甚至還可以和樹木花草溝通呢！

如何安全通靈？

由於對通靈認識不深，加上傳統靈鬼文化的陰影，一般人對於通靈，都有「害怕不安全」的恐懼。正因如此，我的兩位通靈老師馬修．恩格爾——美國加州註冊心理諮商師，另一位是美國哈佛大學企管碩士——赫里斯．波克，都教過我，如何在通靈的時候有效保護自己。稍後，當你聆聽我特別為你錄製的「Mophael通靈引導I」時，我會帶著你們，進入那個安全的通靈空間，也會示範怎麼確保你的自身安全。

在這裡，我先解釋一下兩個概念。

第一個概念是宇宙的法則。你可以問你所接觸的靈魂：「請問你來自光裡嗎？」那靈魂一定得照實回答。也就是說，如果祂明明不是，無法騙你說祂是，也沒辦法給你一個模稜兩可的答案。祂就是沒辦法說謊！因此，祂如果沒有斬釘截鐵跟你講「是」的話，你可以叫祂離開。**第二個概念，也是宇宙的法則。當你叫那靈魂離開時，祂也必須要離開！就是非離開不可！**所以啊！我們可以運用這兩個宇宙法則，來保護我們安心、安全地通靈。另外，在進去安全通靈空間後，要和某位靈魂連結之前，我們都會問兩個問題：「請問你，來自光裡嗎？」等得到肯定的答案後，你就可以繼續問第二個問題：「請問你，是我的最高指導靈嗎？」若未來幫別人通靈，你可以改問：「請問你是誰誰誰的最高指導靈嗎？」等感應到了「是」，你才請祂進來你的磁場裡，強化你們的連結。等一下在聆聽「Mophael通靈引導I」時，你更會清楚，該如何正確運用這兩個宇宙法則！

第一次接觸，是什麼感覺？

和指導靈的第一次接觸，每個人感受不盡相同，沒有誰對誰錯、誰好誰壞！請尊重、榮耀你所有的感受。一般人最常明顯感受到的，就是祂們無條件的愛、無盡的智慧。那是很溫暖、很聖潔、很光亮的感覺。

要提醒你的是，指導靈雖然神通廣大，但因為能量比較輕盈細緻，第一次和你接觸時，也需要一點時間，才能適應你比較厚重的能量。因此，若首度交手感覺不清晰，或不強烈時，請不要認為自己做錯了什麼事！只要多加練習，就可以得到具體的改善。

如何快速進步？

通靈要進步神速，有兩個基本要件。

第一：勤加練習。

這不需要我多加解釋吧？

第二：自我療癒。

所謂自我療癒，就是釋放心底負面能量的意思。負面能量釋放了，你的能量場就會變得較輕盈、較透明，要和指導靈的能量共振，自然就更簡單、更輕鬆。你也更能將訊息精準、精細地帶回來。更棒的是，訊息的品質及流量，也都會變得更好、更大！特別提醒你一件事，是很多人都有的迷思——認為要先得到「完全療癒」，釋放「所有負能」，才能學會通靈。首先，療癒不可能有完全的一天，要是你完全療癒了，就成了揚昇大師，也不用再到地球來輪迴、學習囉！一個人可以因為療癒，而讓通靈管道順暢；而通靈訊息常常點出療癒的精確方向，總能協助我們快速而徹底地療癒。簡單整理一下，你可以一邊學習通靈，一邊自我療癒。療癒的成果讓能量變得輕透，可以幫助你通靈進步神速。通靈是絕佳的療癒工具，和療癒相輔相成，但兩者沒有先後順序。

為什麼祈禱或拜拜沒效？

請你想想看，一般人在什麼時候，會想合掌祈禱，或到廟裡拜拜？通常都是碰到噩運，或想得到什麼卻得不到的時候吧！不難想像，在那個當下，能量是很負面、很匱乏、振動頻率也是極低的，就算指導靈或天使用大聲公，在耳邊以狂喊的音量指點迷津，你也聽不到！因為，祂們的能量振動很高、很細緻，你的低振動頻率無法與之共振。

如何和指導靈的能量共振？

很簡單，就是提高你能量的振動頻率。怎麼做呢？請聽「Mophael 通靈引導 I」，或參閱所附的文字稿。

如何將通靈頻道打開？

先說明一下，通靈頻道是什麼？又在哪兒？

通靈頻道，就是用來和指導靈溝通的頻道。它位於我們的頭頂、後腦勺、頸背。如何打開？只要在意念上，想像這裡對著天空打開，接受來自宇宙溫暖、聖潔的光，就可以囉！

建議練習

請聽「Mophael 通靈引導一」，幫助你進入通靈空間（約十八分鐘）。

以下是「Mophael 通靈引導一」的文字稿，可以事先看過，了解整個過程，有助進入通靈空間：

好，現在請你雙腳著地，放在地板上，雙腳著地可以幫助你的能量流通。你的雙手可以攤開放在大腿上，手掌朝天。如果你平常有打坐的習慣，想盤腿而坐也可以，都無所謂！看你怎麼舒服，怎麼好！然後，你可以開始跟全身重要的關節說：「你們可以放心地休息了。」

在這裡，先教你兩個調高振動頻率的技巧。

第一個就是「清洗能量的呼吸法」。你可以注意一下，你現在的心情、體力、能量如何？接著，我們來做「清洗能量的呼吸法」。先解釋一下，等一下我會說：「想像一下，你把氣，從天空、從頭頂吸進來」，然後，你就用鼻子配合這個想像來吸氣。吐氣的時候，用嘴巴吐氣。你可以發出聲音來，事實上，發出聲音可以幫助你放鬆身體。所以鼓勵你發出聲音來吐氣，請把那口氣，全部從嘴巴吐光光。

好，我們大概會做五次「清洗能量的呼吸」。你可以感覺一下，每做一次之後、三次之後、跟五次之後，跟現在的心情、能量、體力、精神比較起來，有什麼不一樣？好，請準備。想像一下，你把頭頂對著天空打開，眼睛輕輕閉起來，身體開始放輕鬆。等你準備好，想像你從天空透過鼻子把氣吸進來。吸氣，把氣吸滿，好，然後把氣完全吐出來，嘴巴「哈」一聲，一點都不留，把所有的氣都吐出來。好，很好！接著再一次想像一下，你透過鼻子，從天空把氣吸進來，然後，再把氣全部吐出來，「哈！」來，再多做三次。放輕鬆，記得想像從天空把氣吸進來，然後從嘴巴——可以發出聲音——把氣完全吐出來。你再多做兩次，同時注意一下，你現在身體、精神、體力、能量，感覺有沒有什麼不一樣？記得，想像你的頭頂對著天空打開。

好，現在再教你另外一個技巧，用來提高振動頻率。

我們要發宇宙能量振動的聲音，也就是OM這個聲音。用英文字母來表現，就是O跟M。等一下發M這個音的時候，我來解釋一下，要特別注意的是，你的嘴唇要輕輕地閉起來，而且完完全全地放鬆。發這個音的時候呢，你的嘴唇會自然產生振動。如果沒有產生振動，就是你嘴巴閉得太緊的意思。閉緊不適合，能量容易阻塞，請你輕輕地閉起雙唇，然後全然放輕鬆。

好，接著，一樣，再想像一下，你的頭頂對著天空打開。這次，我們再多加兩個地方，一個就是你的後腦勺，一個就是你的頸背（就是脖子的背後）。頭頂、後腦勺、頸背，就是你通靈的頻道。好，現在想像這三個部位對著天空打開，然後，跟著我發幾聲OM，我一共會發聲五次。來，準備，吸氣，OM，來，你繼續，嘴巴輕輕閉起來，振動往上推，推到你的鼻子、額頭、頭頂。好，再一次，吸氣，OM，嘴唇輕輕地閉著，讓它自然產生振動，再把振動往上推，推到鼻子、推到額頭、再推到頭頂。然後感受一下，你整個人能量的變化。精神啦，體力啦、心情啦等等。

好，我們再多做三次。

來，吸氣OM，還有兩次，吸氣OM。最後一次，記得把你的頻道打開，吸氣OM。接著，請你繼續放輕鬆，再一次提醒你，把你的頻道打開，現在，我會放音樂來幫助你放鬆。你，可以再一次感受一下，此時此刻，你整個人的能量、身體、精神，跟剛剛開始比較起來，有沒有什麼不一樣？一般來說，你會變得比較輕鬆，精神會變得比較好，因為，你的能量振動頻率變高了的關係！所以，當你平常情緒低潮的時候，也可以藉由調整能量的呼吸方式，以及宇宙能量振動OM的發聲，來幫助你提高振動頻率，轉換你的心情。

好，現在想像一下，你從天空召喚過來一道光，這道光非常明亮、溫暖，看起來不刺眼，也很舒服。用你的想像力，讓這道光通過你的頭頂、後腦勺，跟頸背，也就是你的頻道。記得這裡一直保持打開，然後，再讓這道光通過你的額頭、眉毛、眼睛，幫助你放鬆眼睛四周的肌肉跟眼球。然後，再讓光來到你的鼻子，通過你的雙頰，你可以把嘴巴輕輕張開一點點，這可以幫助你放鬆身體。然後，再讓這道光往下來到你的嘴唇，通過你的脖子跟喉嚨，再往下穿越你的肩膀、手臂、手掌、你的胸膛、上背部、腹部、臀部、骨盆。然後，再讓這道光通過你的大腿、膝蓋、小腿，再從腳底板發射出去，照亮地球的中心。

這個動作叫做「引光接地」，也就是說，你把光從宇宙引進身體，貫穿全身，再從腳底板發射出去，接到地球的中心。這一個動作，可以幫助你穩定能量，讓你牢牢地固定在地板上。好，現在這道光已經貫穿你的全身，往上連結宇宙，往下接連地球。現在，繼續想像一下，你的右腦有一股非常美好的能量，很溫暖、很舒服，慢慢地向左半邊倒過去。想像一下，你左半邊的頭腦，接受這股溫暖、輕鬆的能量。接著，把你的頭想像成是一顆氣球，這顆氣球被綁在你的肩膀正中間，在空中飄啊飄的，接著，突然有人把這顆氣球鬆綁。它，越飛越高，越飛越快，越飛越高，越飛越遠。來，再一次輕輕地吸一口氣到你的胸口，記得把你的頻道打開，然後把氣緩緩吐出來，同時，再用想像力把那顆球推得更高更遠，更高更遠，越來越高，越飛越遠，穿過一片片的雲層，繼續往上快速地飛呀飛呀，越飛越遠。來，再一次輕輕地吸一口氣到你的胸口，然後再把氣緩緩地吐出來，再把那顆球推得更高更遠，更高更遠，越來越高，越來越快，越來越遠，越來越快，越來越高，越來越遠。

現在，在你的心裡頭保持一個意念，這個意念就是：「我願意幫助某某（在你的心裡頭，唸自己的名字），連結最高指導靈，把這些幫助他靈性成長，以及自我療癒的訊息帶回來。我願意幫助他。」現在，可以開始想像一下，你的指導靈聽到了你的召喚，已經慢慢地從遠方向你靠近。你繼續想像，你的指導靈正朝著你，慢慢地、慢慢地靠近。提醒一下，你可能在視覺上，什麼都看不到，這很正常，用想像的，同時注意你所有的感官。接著，想像你的指導靈從遠方向你靠近，越來越近，越來越近，越靠越近，越來越溫暖，越來越明亮。現在，你可以再想像一下，祂來到你的磁場外面，你的磁場，像是一顆發光的水晶球，把你整個人包起來，英文叫做Aura（氣場）。想像一下，你的指導靈，離你的Aura越來越近，越來越近，讓你覺得越來越溫暖，越來越舒服，越來越明亮。

現在，指導靈已經來到你的Aura外面，我們來確認一下，祂是不是來自光裡。所以，你可以問祂：「請問祢，來自光裡嗎？」如果收到肯定的感覺，就繼續再問：「請問祢，是我的最高指導靈嗎？」如果你也收到「是」的感覺，就請指導靈進入你的水晶球裡。你可以想像一下，指導靈穿越你的水晶球，帶給你更多的光、更多的慈愛，讓你覺得更溫暖、更窩心。接著，想像指導靈離你越來越近，走到你的身邊，然後輕輕地坐下來。你可以在這個時候，任意調整你的身體部位，譬如說，手擺的位置想換一下，脖子的角度要改一下，也許你想挺起腰來，也或者你要更放鬆……憑你的直覺，你覺得哪裡想調整就去調整，事實上，這是指導靈在幫助你，調整到最好的角度，讓你們兩個之間的連結，變得更清晰。

現在，你可以再一次輕輕地吸一口氣到你的胸口，再把氣緩緩吐出來，同時把那顆球推得更高更遠、更高更遠。等你的姿勢調整完之後，你可以再仔細地注意一下，你現在的姿勢，跟剛才有沒有什麼不一樣？你現在的能量，跟剛才有沒有什麼不一樣？你甚至可以觀察一下，不管是用視覺、聽覺、感覺等等，來觀察指導靈的長相是什麼？如果你可以看得到，那很好，如果你視覺上看不到也很正常。請盡量用能感受到訊息的方式來接收。這個時候，如果你的頭腦裡出現了雜念，或是任何你所不想要的聲音、情緒、想法，沒關係，讓它出來，然後，你對這些想法、情緒、雜念說：「我接受你，我愛你，謝謝你來幫助我通靈！」接著，你把這些不需要的想法或情緒放到一邊去，再回來調整你的呼吸。來，再一次輕輕地吸一口氣到你的胸口，然後把氣緩緩地吐出來，同時再把那顆氣球推得更高更遠、更高更遠。

好，如果你想知道指導靈的名字，你可以問祂：「請問祢，叫什麼名字？」

然後，把出現在腦海裡頭的第一個名字記下來。你有可能感受不到，因為指導靈也許覺得時機不到，不會給你名字，不過你盡量試試看。接著，我們請指導靈把你問題的答案，都先下載到你的右腦裡。我會從十倒數到一，在這段時間之內，指導靈會將訊息都下載到你的右腦。

十、九、八、七、六、五、四、三、二、一（清嗓），我清嗓子的聲音，是個訊號聲，表示你已經把這些訊息，完整地收錄在你的右腦裡。

建議問題

請問指導靈，我每天通靈要練習多久時間？

對於初學者，指導靈應該不會叫你練個十小時，所以，如果你收到「十個小時」的話，應該是有問題的。建議你，再確定一下。一般來說，是五到二十分鐘，較為恰當！不過，還是以你當下收到的直覺、畫面、想法為主囉！

請問指導靈，想在家裡練習時，最好在哪兒？

在家練習的話，指導靈有可能跟你講——在廚房、房間，或是，在馬桶上。

別以為最後一個參考答案，是我在搞笑。根據我個人和不少學生的經驗，都說在馬桶上通靈時，感應特別強烈呢！

請問指導靈，要是在戶外練習，去哪兒最好？

指導靈也許會告訴你，去有流水的地方——像是海邊、河畔、湖岸，或者，到公園綠地、接近大自然等等。沒有一定的答案囉！還是以你當下收到的直覺、畫面、想法為主。

請指導靈建議我，先從哪一類的問題問起？

比如說：療癒嗎？療癒內心受傷小孩嗎？或者是說，感情嗎？還是豐盛？或者，是天命等等。也沒有標準答案，就看你當時收到是什麼直覺、畫面、想法。

請問指導靈，我要先從哪裡開始自我療癒？

祂有可能會說，你要先學會真正愛自己、開始練習打坐、多多靜心；也可能會說，你先處理來自媽媽的問題，再打從心底原諒母親；或者，你需要去找專家幫助你釋放深層傷痛。不一定，就看你得到的提示是什麼！

本週進度建議

↙本週一到週三：

閱讀及消化Q&A所提供的通靈基本概念

↙本週四到週五：

聆聽「Mophael通靈引導I」至少三次，與指導靈建立連結管道——第一次接觸，並記錄感想、心得，以及遇到的困難。

↙本週六到週日：

試著自己複習並且想像，也就是不聽「Mophael通靈引導I」，自己進入通靈空間，然後，自行問以上五個「建議問題」。請這樣練習，至少兩次。提醒你，將自己通靈所收回的訊息，以錄音設備記錄下來。

方法很簡單：

1.自行進入通靈空間後，睜開眼睛，看第一個問題，再回到通靈空間，將頻道打開，調整呼吸，氣球推高，將浮現腦海裡的第一個直覺——不管是視覺、畫面，或想法，以語言轉述出來，收錄在你的錄音設備當中。回答第一題後，再睜開眼睛，看第二題，以此類推。

2.可以請一位朋友，在你自行進入通靈空間後，替你將問題一一提問出來，當然，題目中間記得留時間，好讓你來回答囉！請朋友替你發問，是一個很好的聲音刺激，對大多數人來說，比較不會因為睜開眼睛，感到分心或沒信心。當然，你也可以順便替朋友問這些「建議問題」，甚至——任何其他有趣、私人的問題囉！請大膽放手一試，好好玩玩看！

超強效練習法

鼓勵你即刻登記，加入「指導靈麻吉團」，每個月固定網上聚會練習，不受地理、空間的限制。除了集結眾人美好能量，振動頻率超級強大之外，還能找到志同道合的朋友，共同切磋討論、彼此鼓勵分享，最棒的是，你還能和其他網友的指導靈成為麻吉。那麼，你的通靈功夫，很快就能精進到職業水準喔！

貼心小提醒

倘若，你的時間充裕、又有彈性，還可以自行增加練習時間。記得，你練習得越多、越勤，進步的速度就越穩、越快。最美的是，不單是通靈功夫進步，就連你靈性成長、自我療癒的腳步，都能健步如飛，帶著你快速實現夢想、創造豐盛呢！加油，神力，就在你手中！

建議課外讀物

《靈魂的旅程》（*Journey of Souls*），麥可・紐頓博士（Michael Newton, Ph. D.）著，十方書出版

《前世今生來世緣》（*Same Soul, Many Bodies*），布萊恩・魏斯（Brian L. Weiss, MD.）著，時報出版

《奇蹟》（*My Stroke of Insight*），吉兒・泰勒博士（Jill Bolte Taylor, Ph. D.）著，天下文化出版，該書相關巡迴演講紀錄（附中文字幕）：http://www.youtube.com/watch?v=-inPDyTx-o8

☑ 重點複習

◎指導靈，是我們靈魂的導師或指導教授。

說明

指導靈主要的任務，是協助靈魂在地球順利學習和進化。只要我們誠心誠意開口請祂們幫忙，祂們會非常慈愛、極有耐心地指引我們創造嚮往的人生——真愛幸福、成功豐盛、喜悅自在。

◎和指導靈溝通，是「有意識的通靈」。

說明

整個過程，通靈者的意識十分清醒，除了能將訊息清楚帶回來，還會記得自己說了什麼、做了什麼。而乩童通靈，是「無意識的通靈」，也就是進入無意識狀態，不記得自己說了什麼或做了什麼。兩種通靈方法，沒有誰對誰錯，也沒有誰好誰壞。

◎通靈可以幫助我們快速地靈性成長，還可以強化我們的直覺跟創意。

說明

很多藝術家跟作家在通靈狀態下，靈感十足，可以在極短的時間內，創造出甚為複雜的傑作。

◎通靈的科學原理

根據大腦科學研究，左、右腦專司功能	
左腦	**右腦**
邏輯、分析、語言、組織	藝術、能量、陶冶性情的休閒活動
過去的包袱跟未來的恐懼。以地球的線性時間來講，左腦管的是「過去」和「未來」。	符合「活在當下」的修行哲理。以地球的線性時間來講，右腦管的是「現在」。

通靈的科學原理
◆右腦能夠直接感應及接收高次元靈魂，也就是指導靈及天使的能量。祂們的能量，比地球實相界的能量，輕盈、細緻許多。只要把我們的能量振動頻率提高，就能夠跟祂們的能量共振，用右腦來接收祂們的引導。 ◆用右腦直接連結宇宙、指導靈，或天使能量，把接收到的訊息，傳送到左腦，再用語言或者文字轉譯出來。這個過程，就叫做通靈。

◎如何在通靈的時候保護自己：

操作方法

在進去安全通靈空間後，要和某位靈魂連結前，我們都會問：「請問祢，來自光裡嗎？」等得到肯定的答案後，再問：「請問祢是我的最高指導靈嗎？」等感應到「是」，才請祂進入你的磁場，強化你們的連結。

聽「Mophael通靈引導I」CD。

◎通靈要進步神速，有兩個基本要件。第一：勤加練習。第二：自我療癒。我們可以一邊學習通靈，一邊自我療癒。

說明

指導靈雖然神通廣大，但是因為能量比較輕盈細緻，第一次和你接觸時，也需要一點時間，才能適應你比較厚重的能量。只要多加練習，就可以得到具體的改善。

所謂自我療癒，就是釋放心底負面能量，負面能量釋放了，能量場就會變得比較輕盈，可以幫助我們通靈進步神速。通靈是絕佳的療癒工具，和療癒相輔相成，但兩者沒有先後順序。

◎清洗能量式的呼吸法

「想像一下，把氣，從天空、從頭頂吸進來」，用鼻子配合這個想像來吸氣，把氣吸滿。

↓

吐氣的時候，用嘴巴吐氣，「哈」一聲，把氣吐光光。這可以幫助你放鬆身體。

↓

做三到五次「清洗能量的呼吸」，感覺自己的身體、精神、體力、能量，有沒有什麼不一樣？

◎OM可以幫助提高振動頻率

定義	OM，是宇宙能量振動的聲音，可以幫助我們提高振動頻率。
步驟	想像一下，你的頭頂、後腦勺、頸背，也就是通靈的頻道，對著天空打開，然後發出OM，嘴巴輕輕閉起，讓它自然產生振動，再把振動往上推，推到鼻子、額頭、頭頂，一共發聲五次。一般來說，你會變得比較輕鬆，精神變得比較好，因為能量振動頻率變高了。

◎什麼是引光接地

步驟	想像一下，從天空召喚一道光過來，這道光非常明亮、溫暖。用你的想像力，讓這道光通過頭頂、後腦勺，跟頸背，記得這裡一直保持打開。然後，再通過額頭、眉毛、眼睛，這可以幫助你放鬆眼睛四周的肌肉跟眼球。然後，再來到鼻子，通過雙頰，輕輕微張嘴巴，這可以幫助你放鬆身體。然後，再往下來到嘴唇，通過脖子跟喉嚨，再往下穿越肩膀、手臂、手掌、胸膛、上背部、腹部、臀部、骨盆。然後，再通過大腿、膝蓋、小腿，從腳底板發射出去，照亮地球的中心。
作用	把光從宇宙引進身體，貫穿全身，再從腳底板發射出去，接到地球的中心。這個動作，可以幫助你穩定能量，讓你牢牢地固定在地上。

WEEK 2

第二週
頻道打開，加深連結

指導靈和算命仙有何不同？

算命仙會鐵口直斷，也會跟你拍胸脯保證：「你夫妻宮有吉星高照，林志玲一定會拜倒在你的『芭樂短褲』下！」另外，算命仙也會用恐懼的能量來嚇唬你：「你印堂發黑，大難臨頭，要是不聽我的，你雙腳走路，也會把牛總統的座車撞成兩半！」當然，算命仙也會說要幫你改運，或消災解厄，只要你花點小錢，保證你可以讓狐仙聽你的。

以上的幾種可能，指導靈都不會做。

在你傷心失落時，祂們可能會拍拍你的肩頭，誇獎你做得很好，請繼續加油！或者，就告訴你，允許你自己好好接受及感受，當下所有的負面心情！祂們不會保證你的未來，一定飛黃騰達，但會提醒你，你擁有無限的潛能，而且，會一直陪伴在你身邊，像一盞明燈，引導你完成最熾熱的夢想。祂們更不會威脅你，說你要是不按照指示去做，就會有什麼災厄降身。相反地，他們會慈愛地擁抱你，帶著你走出黑暗的山谷。

指導靈會預測未來嗎？

想問指導靈每期樂透會開出幾號、蔡依林會不會愛上我、我乾奶奶會不會通過高考的人，很抱歉，要讓你們失望了！請讀我的唇：「不會，不會，不會！」

能問什麼問題？

先告訴你，「最好別問」什麼問題吧！

那就是，凡是將指導靈當作「算命仙」的問題——像是樂透彩中獎號碼、預測未來，以及，請指導靈替你做重大決定的問題，最好都別問。就算問了，也得不到答案。不然，就是得到莫名其妙、不著邊際的回覆。

很多人學習通靈之後都會犯規，就是違反這個原則——包括我個人在內。不過，這個提醒，真的非常、無敵重要。所以，我在這邊鄭重提醒各位——指導靈，不是來幫你預測未來，或者，替你做任何決定的。因此，請不要把祂們當成算命仙，OK？祂們，是來幫助你——可以說，解開人生考題，或者是說，突破挑戰的。在這個前提之下，你跟指導靈互動的方式，就有以下的建議：

首先，**請不要問任何你會問算命仙的問題，或者，想依賴祂們替你做重大決定，違反自由意志的問題。**像是——

「我的真命天子，何時會出現？」、「他是不是我的真命天子？」、「我什麼時候才會發大財？」、「我該出門向左轉、還是向右轉？」、「我上大號以後，該用左手，還是右手，來擦屁股？」。

祂們很少、很少跟你講，幾乎不會跟你講。除非，這些問題，對你靈魂的學習、進化有所幫助，祂們才會回應你。千萬記得，請不要把祂們當作算命仙，或是，把祂們當成威權君王一般，替你決定你自己的人生。反過來講，如果你收到一個訊息，感覺起來，很像算命仙會脫口而出的答案，你就知道，這個很有可能不是指導靈的意思，而是你自己「左腦那位小朋友」——也就是「小我」所想出來的。

那麼，「能問」什麼問題呢？

任何協助你靈性成長、自我療癒、實踐天命、創造豐盛的問題，祂們都超級樂意回答。我和諸多學生多年通靈的經驗是，要是你問對了問題，常常會看到指導靈堆滿笑容的和藹表情。祂們甚至還會拍拍你的肩頭，慈祥溫柔地鼓勵你做得很好呢！

該怎麼問問題？

清楚了解上面的大前提之後，我們來問指導靈問題，就有一些實用的技巧。

譬如說，有些人會問：「我什麼時候，可以碰到我的真命天子？」這是我們去算命時，最愛問的問題之一，是吧？不然，就是問：「我什麼時候，可以發大財？」這些，都是要求指導靈預測未來，祂們通常不會回答，不然，就給你一個聽起來很玄妙的答案：「等你真正準備好的時候，自然就會發生！」「遠在天邊，近在眼前，時機到了，自然出現！」「你想要的夢想，一直在你心裡，只是，你感覺得到嗎？」

像這樣的答案，常常讓我們覺得，有回答跟沒回答一樣。

所有指導靈都很清楚，你葫蘆裡賣的是什麼藥，有些會切重要害、深入核心，當頭棒喝敲醒你：「你要先學會真正愛自己！」或者：「要先療癒妳覺得自己是女生，不夠重要、不值得被愛的舊傷口。」然而，有的時候，你還沒有準備好要聆聽，這感覺起來像是「剝開陳年傷口」的提示，所以講了，也等於從你耳邊輕輕吹拂而過！你甚至可能在心裡頭嘀咕：「什麼鬼嘛！指導靈根本就『不準』！」

好，說故事時間到了！

我在溫哥華有個客戶，介紹他在航空公司的同事泰莉（簡稱T）來找我，說要我替她連結指導靈，問問現今感情的困境，可以怎麼突破？或是，能夠如何自我療癒？

T一進門，我只注意到她不是白人，但分辨不出她到底是亞洲人，或者，是墨西哥人。事實上，她是什麼人種的問題，在當下，並沒有出現在我的腦海之中。

當我和她的指導靈連上線之後，我立刻看到一個小女孩，緊緊抓著一位男子的大腿，那位男子，我猜想，是小女孩的爸爸，而小女孩，就是年紀很輕的小T，大概只有三、五歲而已。

小女孩的爸爸必須離開，而小T不想讓他走，就牢牢抓著爸爸的大腿。我感受到的是，一股得不到爸爸愛的寂寞與淒涼，很深刻，也很強烈。這個景象，是T問了如何解決目前感情問題後，指導靈立刻給出來的提示畫面。

「指導靈的意思是——」我的聲音變得極為和緩，這通常是進入通靈空間後，正常的現象：「要想從目前的感情困境中走出來，妳得回到童年，去釋放內心那個小女孩的傷口。感覺起來，小女孩想得到爸爸的愛及關心，但是，爸爸必須要離開，沒辦法留下來陪她。」

「我和我爸的感情很好耶！」T瞪圓了雙眼：「我不覺得，和他有什麼傷口需要療癒啊！」

「指導靈要妳看的不是現在，不是成年人的妳和爸爸的感情，而是小時候的妳，是不是想得到父親的注意或關懷，可是不見得都能得到，因此而覺得受傷？」

「不會啊！我爸是很顧家的男人耶！我還很小的時候，他就到國外去工作，為家裡打拚，很辛苦呢！」

我電燈泡一亮，心裡想：「這不就是了？」接著，我緩緩吐了一口氣，試著讓我的語氣更柔軟一些：「對小女孩來說，爸爸因為長期在國外工作，沒辦法經常在身邊，若想念爸爸的時候，不是會覺得很孤單嗎？」

「不會啊！」T鄭重否認：「我知道，我爸是為了養家啊！」

我協助過許多人療癒內心受傷小孩，看過無數類似的反應，很清楚，T極為抗拒指導靈所點出的真相，也就是承認自己在某種型態上，被小時候的爸爸拋棄。這裡的拋棄，不是真的拋妻棄女，而是小女孩需要父愛時，沒辦法即時得到關愛的一種負面現象。成年人的T在理智上，能夠諒解父親遠渡重洋、離鄉背井，不但是為了養家活口，更是一種崇高的愛的表現。然而，對只有三、五歲的小女孩而言，當需要父親，父親卻不在身邊的時候，就會莫名覺得受傷。這常常是我們缺乏自信，或是，老是愛不對人的深層源頭。因為，小女孩想得到父愛卻得不到，又不懂以理智思考，只知道以情緒思考，就覺得是自己「不乖」、「不夠好」、「不值得被愛」，所以才得不到父親的關心或注意。時間久了，就出現了缺乏自信的問題，而在感情上，也總是挑上糟蹋自己的對象，還以為是自己命太苦、運氣差，老是遇人不淑。

在我看來，指導靈立刻就點出，T感情的問題核心，但是，她還沒準備好要傾聽這些赤裸的真相，只能陷入自我抗拒及自我否認之中。這很正常，誰願意在陌生人面前承認，自己是個得不到父愛，深深覺得被拋棄的小女孩呢？

眼看此路不通，我試著換個角度，替她接收更多相關細節，希望可以讓T聽進這重要的療癒訊息，幫助她徹底解決感情問題，自此重回追尋真愛的愛和光裡。

很快地，指導靈又透過我發問：「妳的家庭裡，是不是有重男輕女的傳統？」收到這個訊息的同時，我自己嚇了一跳，因為，我看不出她的人種，壓根兒沒想到，她可能會有這個問題。說到這裡，我才仔細觀察她的外表，想確定她來自什麼文化？如果，她是亞洲人，可能是菲律賓人吧！菲律賓文化裡，也有重男輕女的問題嗎？如果，她是墨西哥人，在大男人文化的影響之下，我就確定她家裡，很有可能也重男輕女。

「不會啊！」T很快否認：「我有五個姐妹耶！」

「這不就是了？」我心裡悶哼一聲。

但我知道，T將家裡生了六個女孩的事實，自我否認地詮釋成：「我爸媽很愛女孩，所以一共生了六個。」我的立場客觀，很清楚地感受到，T雙親只想拼出一個男孩，才一連生了六個女孩。

還是一樣，指導靈切中要害、直搗黃龍，但是，T時機不到，正急於否認。最後，指導靈只好換了方向，教她一些簡單的心靈體操，希望她可以從簡單入門之處開始，等到未來時機成熟，再好好將內心深處的黑暗照亮。

好玩的是，T突然轉個方向問我：「可以幫我連結死去的姑姑嗎？」

「我可以試試，通常，我只連結來自光裡的指導靈。」我再度刻意放慢說話速度：「妳有姑媽的遺物，帶在身邊嗎？」

「沒有，不過，我有她的相片。」T立刻登入臉書，找到姑媽的相片。

跟我在心裡看到的，差不多。

好，我確定自己連到的，是對的靈體。

「我姑媽有試過和我溝通嗎？」

「妳房間裡有花嗎？」

T想了想：「有！」

「妳姑媽曾經試著透過那些花來和妳溝通。她想告訴妳，她過得很好，不用替她擔心。」

這番話，讓T眼角泛起淚光。

過了一會兒，她深深抽了一口氣：「她是不是有什麼訊息要給我？」

哈！又來了！

又是指導靈當頭棒喝的嘗試。

我深深看進T眼裡；她還是不願面對真相。

「她說——」我將聲音放得更輕、更柔：「妳是有這個能力的，能夠改變家族『重男輕女』的傳統，要是妳可以療癒這個傷口，也就是——認為自己是女的，不像男孩一樣重要——就可以找到真愛！」

猜猜看，T的反應是什麼？

「我家族裡，沒有重男輕女的傳統！」T提高聲音，語氣十分堅定：「我爸爸一共有九個姐妹呢！」

我保持沉默，心裡很清楚，儘管指導靈早已一語點破T的內在問題，她還是沒準備好，來面對這深沉的傷痛。我只能衷心期望，這番對話，能夠從此落在T心裡深處，像播下一顆種子，等她將來準備好往內心探索時，可以發芽、茁壯，引導她發揮自我療癒的本能，創造出她值得的完美感情！

故事說完了。你怎麼看待T的反應呢？

我知道，即使看到這兒，還是有人想在地上打滾，向指導靈耍賴：「唉喲！可是真命天子何時出現、何時才能發大財這些問題，我們人類真的很關心耶！」

沒錯，追尋感情及創造豐盛，的確是我們靈魂在肉身學習的兩大必修科目。只要你掌握發問技巧，問對方向，指導靈是非常願意指點迷津的。好！我已經聽到有人大聲地呼喊：「那麼，到底要怎麼問呢？」

很簡單，請你將角度修改一下。

你可以問：「我應該怎麼努力，才能吸引到我的真命天子？」像這種「求上進」的問題，祂們就非常愛回答！因為，這是從「學習的角度」來問祂們，而這個，本來就是祂們的工作嘛！祂們的工作，就是來帶你走出情緒迷宮，讓你的學習更順利、也更有效率。

另外，也請不要問「是」或「否」的問題。

我隨便舉例個子，譬如說：「我是不是光行者？」我的老師馬修教通靈時，就回答得很好玩：「我如果講『是』，你就會相信嗎？我如果講『不是』，你就會放棄嗎？」很有意思！它的重點就是說，基本上「是」或「不是」這種問題，你問了也沒有用的意思。我很清楚，這個問題我們常常在問，我也跟你們坦白，就連我以及你們的學長、學姐，也都幹過這事兒。不過，基於職業道德和良心，我要「警告」你，以預測未來的角度來發問——以我個人的經驗來看，所得到的答案，很少、很少會應驗！我個人猜想，那答案多半是我自己小我搞出來的把戲。

再來，「二選一」的問題也最好不要問。

譬如說，你想要買一輛車子，你問指導靈：「我應該買BMW，還是，BENZ才好？」祂們通常不會跟你講，你買BMW這輛車比較好。你可能得到的答案是：「你如果買了BMW這輛車，可能會出現的是什麼、什麼狀況，也許可以如何、如何幫助你成長；如果買的是BENZ那輛車，你可能碰到是怎麼樣、怎麼樣的問題，要學到的是什麼樣、什麼樣的功課。」這樣的回覆，是尊重你靈魂的自由意志，最後，還是要讓你自己去判斷、自己去選擇，以及，自己去下決定。

總之，再囉唆你一次，任何你會想問算命仙的問題，是可以問啦，只是通常都得不到什麼好答案，或者，得到的答案，不見得「靈驗」！為什麼呢？因為未來是一連串的可能性，你此時此刻做出的抉擇不同，未來的結果就會因此而不同。指導靈的任務，不是幫你算命，也不會替你預測未來，算了、測了，也沒用。因為，決定權一直在你手裡；神力也只在你手中啊！正因為這樣，當你問是或否的「是非題」，或者，二選一的「選擇題」，其實就是在問那一類的問題，OK？

再進一步，透露更多發問技巧。

我剛說過了，要問真命天子相關的問題，不要問「什麼時候會出現」，或是「誰誰誰，是不是我的真命天子？」而是問說：「我該怎麼努力，才能找到我的真命天子？」再不然，也可以詢問指導靈：「我跟這個人交往，會學到的是什麼？或是，會碰到什麼幫助我成長的課題？」你也可以在感情碰到問題的時候，問祂們：「這個困境，是要提醒我什麼？我該如何化解？」而不是問：「這個人，是不是我的真命天子？我該不該離開他？」

以下的提醒，請大力用紅筆畫重點，而且，用螢光筆多打幾個星號——

從學習功課、自我療癒這角度來問的問題，指導靈們會非常、非常愛回答！從另一個觀點來解釋，這類問題，問的是願意改變及渴望進步的細節，因此，問的問題越仔細，指導靈給的答案就越詳盡；當然，你也就越清楚，該如何著手突破現狀、闖關尋寶。問題要是問得很籠統，通常，就會得到很含糊的答案喔！

指導靈，會回答所有問題嗎？

有些問題，指導靈不見得會回答。

舉個例子來說：你掌握了「從學習」的角度，聰慧地問祂們：「這個是要教我什麼？或是，我可以怎麼努力，化解這個難題，得到後面的寶藏？」祂們有可能只對你微微一笑，什麼也不說。再不然，就只給一個大概的方向，讓你自己去經歷整個過程，再走到下一步去。祂們也許覺得，你應該要自己去親身體驗過，才會知道是怎麼一回事。因此，祂就把你帶到下面一個路口，等你在過程中間，學到該學會的東西，有了不同的改變，再回來進一步詢問，祂們才會跟你解釋得比較深入、比較詳細。明白了這個原理，當指導靈不正面回答問題時，你才不至於感到百思不解；而對祂們玄妙高深的用語，你才不會感到不著邊際，而甘願虛心受教、從中開悟。請你記得，**當祂們覺得時機不到時，也不會明說，為的是幫助你改變，看能不能刺激你成長囉！**

如何確定收到的，是指導靈的訊息？

很簡單，傾聽你身體的聲音。

從現在開始，請你注意一下，當你進入通靈空間的時候，你的身體是不是有一些反應。舉我自己當例子，我剛開始學習通靈的時候，身體會不由自主地前後晃動。我聽過、也看過，不少人有相同的反應。只不過，在我們靈鬼文化的陰影之下，有些人忍不住「驚到剉賽」，以為自己被邪靈惡鬼附了身，才會前後左右不停搖擺。我個人剛開始有這個現象的時候，反而覺得自己活像個「起乩」的乩童！其實，那只不過是我們能量上的調整，也是多年前我學氣功時，老師所說的「氣動」，沒什麼好害怕的！

我要提醒你，指導靈雖然神通廣大、智慧極高，渾身上下都充滿了愛跟光，但是，剛剛開始跟你的能量連結起來的時候，也需要花一點時間適應，也需要花一些功夫微調。所以，你們彼此都需要一段時間，互相習慣對方的振動頻率囉！

也就是這樣，練習就變得特別重要。

假設，在練習進入通靈空間的時候，**你注意到了身體有某種反應，你就能夠確定，自己的確在通靈的狀態裡面。**像我早期通靈的時候，身體會前後晃動，後來，變成頭頂會發麻。這個就是一個很好的指標——用來確認自己，是不是在通靈狀態下，收到指導靈的訊息。如果像我一樣，身體會出現晃動的人，收到訊息的時候，發現身體有在晃動，那麼就可以確定，自己帶回來的訊息，的確是指導靈的真知灼見囉！

除了前後晃動之外，也有人會覺得身體發冷、變熱，或者，身體其他的部位感到麻麻、刺刺的。每個人不一樣，可能會有不同的生理反應，你可以好好傾聽自己身體的聲音，確認一下，在通靈狀態之中，身體會有什麼反應。我早期幫客戶通靈時，每當一堂課結束之後，我整個人就會發冷，甚至全身抖個不停。這個現象一般人大概又「驚尬馬死」，不是覺得我卡到陰了，就是被惡鬼附身了之類的！美國有位極為熱門的靈媒，叫做蕾貝卡．羅森（Rebecca Rosen），要找她通靈，得等個一、兩年，所以她寫了一本書，叫做《靈癒力》（*Spirited: Connect to the Guides All Around You*），教大家如何自己和指導靈溝通。書裡提到，有些靈體試著要和你溝通的時候，室內的溫度很可能會因此而改變。然而，因為我們過去被靈鬼文化嚇著長大，大多數人就會害怕得不得了：「夭壽、完蛋、死啊！我卡到陰、撞到邪了！」尤其那種冰冰冷冷的感覺，很可能讓人嚇到屁滾尿流。

其實，這些現象都是能量上的改變，也都很正常！

說到這裡，順便再告訴你（請不要因此更擔心、害怕！）**如果你在通靈的過程裡，發現自己身體不太舒服，比如說，有些人會頭痛，身體某些地方會有點緊、有點痠、有點脹。要是覺得承受不了的話，你可以做兩件事來幫助自己。第一個，把你的頻道打開，想像你接收來自指導靈更多的愛和光。一般來說，這對頭痛最有幫助。第二個，你可以請指導靈幫忙，告訴祂們說：「我現在這樣子很不舒服，可不可以幫我調整一下，讓我舒服、好過一點？」**根據過去學長、學姐的經驗，這方法也很有效。你們還有位學姐，甚至央求指導靈替她馬殺雞，聽說指導靈也「乖乖聽話」喔！我的意思是說，指導靈也很「樂意」！（至少，她的指導靈啦！你也可以試試「奴役」你的指導靈，看祂願不願意「就範」囉！）

小我，要「控管」？還是「合作」？

說實在話，通靈是你本來就有的能力，等著被你喚醒而已。你，甚至不是在學一樣新的東西。這個觀念是真的，不是我為了安慰或鼓勵你，昧著良心說出來的。它可以幫助你，用「平常心」來看待通靈這件事情。你越能這樣想，那麼你就學得越好、越快。你越把它當成一個很神聖的、或是很玄奇的功夫，就會覺得它特別高深莫測、遙不可及。我真心相信——它根本都不難！你本來就會，只不過忘記了、讓它沉睡很多年罷了！現在，你正試著把它喚醒。如此而已，如此而已！

在練習通靈的過程中，你可能碰到最大的困難，就是躲在左腦裡頭的「小我」。尤其是才開始練習沒多久，還不是很習慣的時候。小我最愛跳出來，帶著你一起質疑：「欸？我連到指導靈了嗎？這是指導靈的意思，還是我自己瞎掰出來的呢？」再不然，就是發了瘋地期待你，一定要在視覺上，「看到」什麼畫面，才算真的在通靈。**因此，通靈學得好或者壞，和「怎麼控管小我」有很大的關係。**「控管」，可能講得也不是很好，它有點跟小我抵制，或者，跟它互相對抗的意味。如果你想要小我乖乖地聽話，**最**

好、最強效的方法是——跟小我合作，真心給它愛和光。

小我真正想要的其實是「肯定」及「愛」，並不是跑出來鬧場，或是唱反調。它甚至用它以為最好的方法，一心只想要保護你。你越抵抗它，它就會越麻煩。你不管學到初級、中級或高級，大部分的時間，都在處理這個小我的問題。像我教授通靈多年，有些學長、學姐功夫很好，經驗也豐富，都還是會碰到小我跑出來搗蛋的問題。

該如何跟小我合作呢？

小我跑出來作怪時，請先不要覺得它是在作怪，請你真心誠意、柔情密意地告訴它：「我接受你，我愛你，我就是愛你這個樣子！」你也可以打從心底來感謝它：「謝謝你，這麼多年以來，用這樣的方式來保護我。你放心，我現在夠堅強，也很有智慧，我可以照顧我自己的，你可以現在就卸下重任，好好休息了！」當然，對於它的質疑不安、害怕犯錯，你也可以給它愛的鼓勵，並且賦予它一個任務：「我想要學好通靈，給你更多的愛和光，請幫助我，跟著你一起成長！」

以上的心戰喊話，都是給小我最想要的「肯定」及「愛」，若能真誠地發自內心，小我會慢慢地開始跟你合作的。請記得，你越想做些什麼來壓抑它、打擊它、消滅它，就越容易落進它的「圈套」，它會因此反抗得越激烈、越火爆，弄得你心神不寧、毫無把握！

這個和小我合作的方法，不是只有在練習通靈時才管用，或者才拿出來使用。它適用於自我療癒、靈性成長、實現願望、追尋天命的任何階段。特別是當你碰到挫折、挑戰，懷疑自己能力、失去希望的時候，尤其神奇好用。請記得，平時就常常拿出來練習，那麼在緊要關頭的時刻，就能威力無限！

如何確定不是自己瞎掰？

一般人開始和指導靈溝通後，都會想問問祂們，我們在生活中所碰到的困境，要如何突破？又要怎麼取得每個功課後面，深藏的美麗寶物？然而，事關重要的人生抉擇，甚至對天命的選擇、追尋，我們往往懷疑自己所接收的訊息，認為自己要麼瘋了，不然，就是瞎掰出這些所謂「光的答案」來。

「這個訊息，真的是指導靈給的嗎？」

「這個答案，是我自己瞎掰出來的吧？」

「我真的有通到指導靈嗎？」

「我怎麼都沒有『那種感覺』？」

「我怎麼什麼都沒有『看到』？」

不知是從哪來的刻板印象，也許是武俠電影，也或者是布袋戲，你可能屏氣凝神地期待著，你的身體會突然變成透明，或是爆出熊熊燃燒的煙火，然後，發射出霞光萬道、瑞氣千條，像是布袋戲裡武功高手的出場大戲。你甚至在心裡配上氣勢磅礡的交響樂，總覺得和天地神靈接上了線，就一定要有這樣「天靈靈、地靈靈」的場面。否則，一切都是假的，都是自己想像出來的。

這是正常的。

真的。

是。真。的。

不是說來讓你好過，或是——

哄騙你繼續看完本書，上完這門課程。

那麼，要如何確定不是自己瞎掰的呢？

除了之前告訴過你的，傾聽自己身體的聲音，看看自己在通靈狀態下，身體會有什麼自然反應，以確定自己帶回的訊息，的確是指導靈給的超高智慧。這裡再教你一個絕招：**你也可以向指導靈要求證據，或者，請祂們給你一個徵兆（SIGN）。**

來舉兩個真實案例。

關於證據

自修高靈「歐林」教導通靈——《開放通靈》（*Open to Channeling*）一書時，我曾經按照祂的建議，向我的指導靈要求「我的確在通靈，而不是在瞎掰」的證據。（你看，你現在遇到的問題，也是我曾經走過的路。你真的不孤單，也不古怪！）

有天晚上睡覺前，我在床緣坐著，心裡對我當時的指導靈——「耶穌」說：「我不確定自己通靈收到的答案，是不是真的來自於祢，還是我自己想像出來的。請祢給我一個證據，讓我知道，我的確是在通靈，而不是自己發了瘋瞎扯出來的！」

隔天，我起床以後，壓根忘了這回事兒。我猜想，我當時也不過抱著「姑且一試」的心態，沒有很認真看待這「索取證據」的嘗試。所以，一覺醒來後，這檔事兒就被我完全拋諸腦後。到了中午，我坐在馬桶上閉目養神，卻突然出現一個影像。我看到一名洋人男子，身上穿著花格子棉質襯衫，紅白相間，是冬天穿的、很保暖的那種；下半身，那男子配的是藍色牛仔褲，像洗了幾百次，都已經泛白了；鞋子，他穿的是淡咖啡色的高筒靴，就一副西方牛仔的打扮。至於臉孔，我看不清楚，不知他長得如何。

當時，我人住在舊金山。

「為什麼讓我看到這男子？」我不禁納悶著。

緊接著，我彷彿聽到，有人在我耳朵裡輕聲呢喃：「星巴克！星巴克！星巴克！」

「是要我去星巴克嗎？」我沉默地問那不知打哪來的聲音。

「YES！星巴克！」

「我只知道兩間星巴克，要我去哪間？在芬尼斯路上那間？還是在卡斯托那間？」

「卡斯托！」

「為什麼要我去呢？」

一片靜默，沒有回覆。

我要去嗎？

去幹嘛呢？

好吧！去看看！說不定，會碰到我的真命天子呢！

你看看，這真是重色忘「靈」啊！

話雖如此，我還是三拖四拖，本來預計午覺醒來後，在下午三點出門。結果我晚了半小時，才懶洋洋地出門。誰知道，一上了地鐵，突然尿急了起來，而且，急得我又忘了自己為何出門。當時的我，心裡只悲情地惦記著：「等下到了星巴克，我一定要先去上廁所。等一下！萬一有人排隊，怎麼辦？好，先看看，是不是有人排隊，要是排隊的人太多，我立刻調頭就走。」終於到了星巴克，我火速望向角落。糟了！已經有四名男子在等著用廁所。我得到別的地方去方便了！

可惡！可惡！可惡！

正當我將腳步移出店面時，我突然看到前面等著點飲料的男子，就穿著紅白襯衫、藍色牛仔褲、咖啡高筒靴，還戴著牛仔帽和金框眼鏡。我身子向左移動四十五度，大概可以看到他的臉，嗯，不是我的型！那麼，為什麼要我大老遠，冒著極可能尿濕褲子的風險，來看這個「不是我真命天子」的男子呢？

我很快閃出門，在角落閉起眼睛，快速問指導靈。

「你不是要證據嗎？這就是證據啊！」

我心頭陡地一震——不！沒有尿濕褲子！真的，沒有啦！——從此再也沒懷疑過，自己是不是在通靈了！我的確在通靈。真真，確確，是在通靈。

關於徵兆（SIGN）

我在溫哥華有位好朋友，名字叫派崔克（簡稱P）。我搬回加拿大時，他非常高興，因為長久以來，他一直找不到志同道合、追求靈性開悟的知心朋友。我當然也喜不自勝。每回見面，我總是跟他談到，我和指導靈溝通的種種趣事兒，以及親眼目睹的、或親身經歷的諸多神蹟。事實上，我兩年前回溫哥華度假，曾經幫他通過他的指導靈，還讓他頗為驚豔呢！

那一年，P因為工作壓力變得超大，很想自己出來開瑜伽教室。我十分鼓勵他，甚至義務充當他的人生教練，不斷提醒他，如何藉由靈性成長及吸引力法則來揮灑熱情、實現夢想。因緣際會之下，他注意到幾間有潛力的店面，也拉著我到那幾個點，去幫他瞧瞧能量如何，適不適合他的能量。最後他看上了兩間，就緊鄰著彼此，而讓他十分猶豫，不知要選哪邊才好。在我的建議下，他決定請指導靈給他一些SIGN。結果，他其中一隻狗，在右邊那間店門口尿尿。過了一陣子，申請開店的程序突然多舛不順，大大影響他繼續下去的信心。他又請指導靈幫忙：「如果這是我的天命，請再給我一個SIGN。」當天晚上，他男朋友就踩到同一隻狗拉出來的大便。於是，P知道：開瑜伽室，的確是他的天命之一。最後，P選了右邊那間店，也認真、耐心地克服申請手續所帶來的種種考驗，而在二〇一〇年夏天，閃亮開張大吉。

如何克服恐懼、緊張、不確定、沒自信？

我問過很多來學習通靈的學生：「當你恐懼、緊張、不確定、沒自信的時候，怎麼辦？」幾乎百分之兩百都回答：「我就跟自己講，不要緊張、不要害怕！只要放輕鬆就好了！」我再追問他們：「這樣的心戰喊話，有效果嗎？」接著，我所得到的答案，就是「不確定」了。

事實上，科學家已經證明，當你跟一個正在緊張的人說：「你不要緊張，你要放輕鬆！」這個人只會越來越緊張，完全不可能放鬆。因此，當你恐懼、緊張、不確定、沒自信的時候，請不要跟自己講你不要緊張，也不要跟你的懷疑講，我相信你是真的。因為你跟它們講這些話，一點用都沒有，只會讓自己更懷疑、更緊張。請記得，你要是告訴它，我相信你是真的，其實就是在跟自己講，我懷疑它是假的！所以，碰到這些不想要的負面情緒、或想法的時候，請不要跟它正面說「我相信你是真的」、「你不要緊張、不要害怕」。你只需要跟這些負面想法說「我接受你，我愛你」，就可以了。然後，請將它們輕輕放到一邊去。

另外，這些負面情緒及想法，都是屬於低振動頻率的能量，當你放下它們了，還要記得回來提高你的振動頻率，才能繼續和指導靈的能量共振。還記得該怎麼做嗎？很簡單，只要調整呼吸即可。調整呼吸的意思是說，輕輕吸一口氣到胸口，然後把氣緩緩地吐出來，同時，再把那顆氣球推得更高、更遠，也想像它變得更高、更美。氣球就是你的頭部，你把它想像成是氣球。這個動作的意義在哪裡呢？就是幫助你，提高能量的振動頻率！當然，在調整呼吸的過程之中，也請你記得將通靈的頻道打開囉！

如何確定自己進入通靈的空間裡？

倘若，你現在還有這個問題，請你即刻就再聽「Mophael通靈引導I」幾回，充分感覺一下，那平靜、祥和、輕盈的心情，以及渾身被指導靈愛和光包圍的感受。當然，也請你注意一下，在這樣聖潔的能量之中，你的身體有什麼反應？

然後，**請你牢牢地記住：這靈、心、身平衡、寧靜、輕鬆的感受，代表的正是——你已經進入了通靈的空間裡，可以放心大膽地問指導靈問題囉！**

指導靈給的訊息，一定都很深奧玄奇？

不一定！

有的時候，指導靈給的訊息，你沒有適當的語言可以把它轉譯出來。因為，你靈性成長的資料庫裡頭的辭彙不夠多，尤其你還是在初學通靈的階段。所以，指導靈會配合你資料庫裡能夠使用的語言，給你最直接易懂的訊息。

另外，指導靈雖然是高靈，來自光裡，充滿慈愛，也極有智慧，可是，祂有時候給你的答案，是再簡單、再明顯也不過了。譬如你問祂：「我可以如何努力，吸引感情的真命天子？」而祂給你的答案，極有可能會是：「真正愛自己！」也許你會想：「拜託！這個我用腿毛想也知道，還需要指導靈告訴我啊！然後，你就開始懷疑：這個，一定不是指導靈；這個，一定是我昨天在Mophael的部落格上，看到有人在那邊問有關「如何真正愛自己」之類的。因此，你就覺得，那個是自己掰出來的、很沒深度的白痴答案。

我鄭重跟你說明：那個答案，真的、真的是——指導靈要告訴你的訊息！

指導靈給你的訊息，除了是你自己現在想到，或此刻出現在腦海裡的直覺，還有可能，是你昨天看了一部什麼很俗氣的連續劇，裡面有一句「俗夠有力」的台詞。你因為印象深刻，所以記下來了。那麼，指導靈有可能透過那一句台詞，來跟你講一些話，OK？那個道理很有可能是再淺白也不過的。也或者是說，你最近剛好看了一本書，或是一部電影，也有可能，前天朋友跟你講的一番話，讓你很有、很有感覺。你的指導靈，就很有可能會透過那一句話，或是那一本書的某一頁，或是某部電影的某個情節來告訴你，祂要傳遞給你的訊息，或者，希望你來幫忙轉送、轉譯的訊息。

這些東西，你不管是有意識地，或是無意識地接收到你的大腦裡面，就成了你的知識庫。你的指導靈知道，你昨天看了這個連續劇，或是，上星期看了那部電影、前天朋友跟你講了那番話讓你印象深刻，於是，就用它們來當工具，來表達祂們想發送的光的訊息。

因此，這就是要告訴你，請你不要懷疑自己。當收到這種答案的時候，你可能會覺得：喔！這個一定是我瞎掰出來的。如果，有這種想法出來——當然，這有可能是你瞎掰出來的沒錯，那麼，你該怎麼辦呢？一樣，就是再確認一下。假設確認過之後，你就是收到這個答案，那麼它就是指導靈的意思。即便它好像沒有什麼深度、很淺顯易懂、誰都能明白！總之，千萬不要自以為，指導靈一定就是講那種很有哲理啦、很深啦、打死我們都聽不懂的話。祂們的確有這種能力，只不過，你才剛開始學習通靈，通常不可能會收到那些東西——對不起，修正：不是不可能收到，而是，即使祂將訊息送到你的右腦，你也轉譯不出來，只因為你資料庫裡頭，沒有能夠轉譯、甚至理解的語言。

正因為如此，我要衷心建議你，多去看一些靈性成長的書籍、文章、部落格，**OK？當然，現在就加入「指導靈麻吉團」，也是絕佳的觀摩機會——看看人家用些什麼字詞，又使用什麼新的概念。那麼，在你接收指導靈訊息的時候，祂們所能給你的選擇，就會變得比較多，而你所轉譯出來的語言，也相對變得比較成熟，也更加優美、更有智慧。**不過，不用急，慢慢來囉！

如何增加訊息的流量？

很簡單，以現在這個階段來講，只要你敢問：「還有嗎？除了這個答案以外，還有嗎？」

一般人在初學階段，不是對指導靈抱著「神聖不可侵犯的卑微態度」，就是懷有「有問到答案就好了」的心態。因此，都戒慎恐懼、不敢多問，可能也沒想到，可以多問些訊息。

請放心，你大可以多問一些。指導靈不會覺得你很煩。要是多問了，也收到進一步的說明或補充，那很讚；要是沒收到任何新的答案，你也問心無愧、毫無悔恨，是吧？記得，對於指導靈，你是可以「盧」下去的！祂們不可能不耐煩，請「膽大包天」，用力盧吧！

接收訊息的方式：視覺、聽覺、感覺、體覺

我要提醒你，不要期待，一定會用什麼特定的方式來接收訊息。有些人，對通靈產生誤解，認為接收訊息的時候，一定就是「看到畫面」，而且，是像演電影一樣那般清晰，那個解晰度還很高，像是HD一樣鉅細靡遺。這都是錯誤的認知！如果你也有這種期待，萬一通靈的時候，指導靈給的訊息不是看得見的畫面，你就會覺得：「天哪！我

做錯了什麼？」或者說：「天啊！我怎麼這麼糟糕，我怎麼都『看不到』？」。

其實，那是因為你，限制了自己收訊息方式的關係。

接著，我來解釋一下，和指導靈溝通時，**接收訊息的方式**可能有以下幾種：

視覺型。

我剛剛給了你一個反面的例子，就是有很多會人期待，他們會看到像所謂超高解晰度的電影，畫面極為清晰，就連顏色都很鮮豔。不是這樣的！這是天大的誤解。

一般所謂的「看到畫面」，是你在視覺上，也許沒有真正看得很清楚，但是你「就是覺得」或「就是知道」看到了什麼東西。這個，就叫看到的畫面。那麼，有沒有人真正看到東西，像是看到一張彩色的照片，或是，真的就是一部迷你電影那樣？當然有！而且，你未來經驗豐富了，身體和頭腦都完全放鬆了，也很有可能會這樣，在視覺上清晰地看到。

不過，就我個人「看到」的經驗，或是我學生對「看到」的認知，都只是一些——可以說是「殘影」的畫面。甚至有可能，你明明覺得眼前是一片白白的，或者，只是一道炫目的強光，然而，就是覺得或知道看到的是粉紅色。這個現象，聽起來好像很玄，但是，只要你到了那個地方，有過這樣的體驗，你就會知道我的意思！

不過，我要強調的是，**不是每個人都是用「視覺」來接收訊息，其他還有聽覺型、感覺型，及體覺型。**

有關聽覺型的接受訊息方式，我也來解釋一下。

一般人認為，所謂「聽到」，就是在我們物質界透過耳朵，實際聽到了聲響。譬如說，我講了一句話，你聽到我說出了這幾個字的聲響。或是，你可能聽到我們家背景裡，有兩隻貓現在正準備要打架，發出尖銳的喵叫聲。其實，這用耳朵聽到的所謂實相的聲音，不是通靈所謂的聽到。**聽覺型的人在通靈時，會覺得好像有一個人，把某些想法丟到你的腦海裡面，你呢，很自然地，就把這個想法講出來。**大多數的人，都是聽覺型的，所以當他們在接收訊息的時候，會覺得，那是自己小我的想法，而誤以為自己不是在通靈。

通靈接收訊息屬聽覺型的人，要是對「聽到訊息」的認知正確的話，就有心理準備，當想法源源不斷地湧進來了，其實就是在接收光的訊息，也明白自己以「聽到」的方式，正在和指導靈溝通。

還有一種，屬於感覺型的人。

感覺型的人，在接收訊息的時候，在心情上，能夠感覺到某人的情緒，或者是能量。比如說，我就連過幾位客戶的指導靈，在問到客戶媽媽為什麼小時候和她們不親時，指導靈立刻讓我感受到，她們母親恐懼或者悲傷的能量。感覺起來，好像是我當下自己也很害怕，或感到極度悲傷。

體覺型的人，和感覺型的很類似，只不過通常感應到的，是身體上的感受。像我在以自己獨創能量療法「慈悲手」，替客戶調整身體的病痛時，**有時可以感受到對方身體的痠、脹、痛、悶。這個，就是體覺型的表現。在體覺的大分類下，也能細分嗅覺、味**

覺型的人。這類學生，我比較少碰到。所謂嗅覺型的，就是會聞到某種味道；味覺型的，則能嚐到味道囉！

通靈能力甦醒過來以後沒多久，我開始自習歐林及達本的「喚醒載光體」課程，對能量變得十分敏銳。我看到了浴室地板的能量線，請別人來看，卻只看到地磚。有一陣子，我更在大街上聞到火燒味，可是左右仔細瞧了一下，沒看到有什麼東西在燒，也沒有聽到消防車經過的聲音，向四面八方遠遠眺望而去，也沒有高樓大廈發生火災。就很奇怪，有莫名冒出來的火燒味兒，卻沒有實際火燒的影子。更好玩的是，不久之後，我開始覺得嘴巴裡，不時會出現金屬的味道。請我的學生問過我的指導靈，說是因為我通靈能力醒來以後，對身體裡面及周遭的能量感應力，也變得十分敏銳的關係。

好，跟你講這些東西，不是要你把它背下來，而是要告訴你：「請保持一顆開放的心」。也就是說，不管你是屬於哪個類型，我都強烈建議你，**每當你進入那個通靈的空間，跟指導靈的能量連結起來了，請不要期待可能會看到、聽到、聞到、嚐到、或是，感覺、體覺到。最好都不要有任何的期待，你唯一要做的，就是將所有的感官全然打開，保持高度的警覺心。**那麼，很有趣的是，訊息自己會以最適合的方式進來。你也會很清楚地知道，訊息是屬於哪一種分類。如果你像過去一樣，期待自己一定會「看到」的話，那麼，指導靈如果是用聽覺，或是嗅覺來溝通，你就感應不到訊息。因為，你把所有的焦點都放在視覺上，而封閉了其他的管道，以及更多的可能性。

這很重要，請務必記得！

最後，鼓勵你，只要你持續不斷地練習，以及認真自我療癒，假以時日，你的能量場也能變得輕盈流暢，也就能完全打開各種感官，清晰而有效地感應到能量，而明白「色即是空、空即是色」的真義囉！

如何增加練習成果？

按照本書建議進度，每天勤加練習，至少十分鐘。

A. 就算你當下沒有想問的問題，也請你試著進入那個通靈的空間，接受來自宇宙的愛和光，體悟指導靈無限的慈愛與智慧。你已經清楚感受過，進入通靈空間之後，能量會變得輕鬆寧靜、優雅自在，能夠有效幫助你打坐、靜心、冥想。當你的心，變得越靜，你就越能自我療癒，也就越能實現夢想、創造豐盛。

B. 你更能利用零碎的時間練習，像我早期學習通靈的那幾個月，都會在搭乘大眾捷運，或走在街上時，將通靈頻道打開、提高自己能量的振動頻率，讓我的指導靈來陪我散步、坐車，甚至在心裡和我聊天打屁。這被你們第一期的通靈學姐法兒摩，稱之為「隨時隨地通靈法」。

C. 最後，請多多接觸大自然，在公園森林、海邊河畔練習通靈，不但能量超讚，說不定，還能因此接觸到守護動物、花草的精靈，發現你靈魂更多的天分呢！

請勇於往內心探索，釋放負能及限制，得到自我療癒。療癒，就是記得你自己本來的模樣，也就是愛和光。你越能釋放內心深處的傷痛，能量就越能輕盈剔透，對能量的感應就變得越敏銳，相對地，通靈功夫就更能爐火純青，而你想要創造出來的美妙人生，就越容易成為日常生活中的實相！

多多自願幫助別人通靈，帶回靈性成長的訊息。

也許，你未來想藉由通靈功夫，成為職業的光行者。現在這個階段，還是建議你，多多主動幫助親朋好友通靈，讓他們的指導靈的大智大慧，帶著他們披荊斬棘、快速成長。這是絕佳的實習機會；你會因此進步神速。請記得一件事，靈魂和我們人類的天性，是以助人為快樂之本的，你若能真心誠意助人，不但能迅速提昇能量振動頻率，清晰接收實用的靈性訊息，更能因為直接轉譯這些光的智慧，啟動自己長久以來，深深鎖在集體意識裡的無限潛能！

建議練習

請聆聽「Mophael 通靈引導 II」，帶著你進入通靈空間（長度約十分鐘）。為何不再是十八分鐘？因為，想藉此給你一個指標，讓你知道自己有沒有進步，是不是可以花一半的時間，就進入通靈的空間，和指導靈接上線。你可以盡量試試看，以十分鐘為目標，要是實在上不去那個空間，也沒關係，不要感到氣餒。你可以多聽、多試幾次。假設，你想要回去再聽「Mophael 通靈引導 I」（長度約十八分鐘），也無所謂！請不要因為這樣，就自己打敗自己，好嗎？

以下是「Mophael 通靈引導 II」的文字稿，可以事先看過，了解整個過程，有助進入通靈空間：

現在，我要開始帶你們進入那個通靈的空間，只不過，今天的時間會比較短，大概只有十分鐘而已。

（音樂）

好的，請你雙手攤開放在大腿上，手掌朝天，你可以把眼睛輕輕地閉起來。等你準備好之後，你可以開始告訴你全身所有重要的關節、以及肌肉，告訴它們說：「你們可以安心地休息，安全地放鬆。」等你準備好之後，你可以開始深深地用鼻子吸一口氣，來，深深地吸氣，再把氣完全吐出來，用嘴巴吐出來，哈——很好，再一次，深深地用鼻子吸氣，想像你從天空把氣吸進來，再把氣完全透過嘴巴，吐出來。好，我們再做兩次，深深地用鼻子吸氣，嘴巴吐氣，哈——來，再做最後一次，這一次，我們加進一個動作，就是把你的頭頂，對著天空打開，還有你的後腦勺，以及頸背都對著天空打開。這裡，就是你用來跟指導靈溝通的頻道。

好，深深地吸氣，把頻道打開，然後把氣全部吐出來，哈——很好，現在開始想像一下，你的頭部，變成一顆氣球，綁在你肩膀的正中央，在空中輕輕地飄呀飄的，輕輕地飄啊飄啊。接著，突然有人把這顆氣球給鬆綁了，所以它就開始往空中越飛越高，越飛越快，越飛越高，越飛越快，同時也越變越亮，因為離宇宙的光越來越近，所以越變越亮，越來越溫暖。

現在，你可以在心裡頭設定一個意念，就是你可以在心裡頭，想著以下的這些話：「我願意幫我自己，和我的最高指導靈連結，幫助我，把靈性成長的訊息帶回來。我願意幫助我自己，請你們幫助我，連結到我的最高指導靈。」好，現在，我們再一次，輕輕地吸一口氣到你的胸口，然後，把氣緩緩吐出來，同時再把氣球推高，越推越高，越飛越快，越飛越快，越飛越遠，越來越快，越來越遠。好，再一次輕輕地把氣吸到胸口，然後把氣吐出來，同時再把氣球往上推，越推越高，越飛越快，越來越遠，同時也越來越亮，越來越亮。

現在，你可以想像一下，指導靈已經聽到你的召喚，所以開始從遠方向你慢慢地靠近。你可以想像一下，指導靈的光芒越來越亮，離你越來越近，感覺越來越溫暖、越來越舒服。如果在視覺上，你看不到東西，這很正常，你可以用想像的，當你的振動頻率，提高到像現在這樣的時候，你的想像力，是真的。所以，想像一下指導靈，現在已經來到你的磁場外面，你的磁場，就是一顆很大的、發光的水晶球，把你溫暖地包在裡面。好，再度想像一下，你的指導靈靠你越來越近，而且，越來越溫暖，越來越慈悲的能量，慢慢地向你靠近。

現在，你可以在心裡頭問一下：「請問你，來自光裡嗎？」我這裡，幫你收到的是「肯定」的答案。接著，我們再來確認一下：「請問你，是我的最高指導靈嗎？」再一次，我這裡也得到肯定的答案。現在，你可以放心邀請你的指導靈，進入你的磁場裡，同時讓祂在你身邊，慈愛地坐下來。這時候，你可以開始調整一下你的姿勢，請你盡情地放鬆、自由地調整。因為，這是指導靈用來幫助你，找到一個最恰當的姿勢，加強你們之間的連結。你，可以去感受一下指導靈的智慧，指導靈的光輝，和指導靈的慈愛。

好，接下來，你可以用你的想像力，來觀察一下。你的指導靈，讓你看到的模樣，看起來是什麼樣子？你，可以仔細觀察一下。也許你問一下，你的指導靈叫什麼名字？好，等會兒你要問指導靈的問題，已經提示在以下「建議問題」裡了，因此，指導靈其實非常清楚，你待會兒要問的問題是什麼。現在，我們請祂花一點時間，把答案先下載到你的右腦裡，我會從三倒數到一，你會聽到一個訊號聲，表示訊息開始下載。三、二、一（清嗓聲），訊息開始下載了，你唯一要做的事情，就是把你的頻道打開。如果，出現了雜念或者是懷疑的情緒，記得，接受它，愛它，再把它放到一邊去。好，回來，再把氣球推高，調整你的呼吸，頻道打開。

現在，我會從十倒數到一，當我數到一的時候，你會聽到一個訊號聲，表示指導靈要給的答案跟訊息，已經完全下載完畢了。

十、九、八、七、六、五、四、三、二、一（清嗓聲）。

好，現在你可以輕輕地把眼睛睜開來，看一下，你要問指導靈的問題。

建議問題

請問指導靈，我通靈想要進步神速，該怎麼調整每天吃的食物？

你的指導靈也許會跟你講，你應該多吃這一類的食物，少吃那一類的食物。

比如說：要多吃綠色蔬菜，少吃辛辣的食物。又或者，要你多補充蛋白質，減少食用加工食品，像是泡麵、微波食品等等。沒有標準答案，你的指導靈會按照你用餐的情形，而做出不同的建議。

那麼，每天喝的飲料，可以如何調整？

你的指導靈，也許會跟你說，你要多喝水啦！然後，要少喝咖啡啦！少喝茶啦！或是，你可以少喝甜的飲料、冰的飲料。沒有一定的答案，就看指導靈給你的建議是什麼囉！

那麼，每天的生活起居，要如何調整？

祂有可能會跟你說，你要多運動，多到戶外走走，多曬曬太陽；或是說，你要早點睡，少看點電視，要常常接觸大自然；也許，祂會建議你養成打坐、靜心的習慣。也沒有一定的答案，看你當下收到的是什麼囉！

我的自我療癒，要從哪兒深入？

這個題目，你聽起來，可能會覺得有點難，對不對？我要提醒你的是，因為你覺得比較難，所以你的頻道就可能會緊縮。建議你，這個時候要特別小心，請完全相信你的直覺，看出現在腦海裡的是什麼，你就直接說出來。假設，你覺得自己說出來的東西很淺、很白，無所謂！只要全然相信，那就是指導靈愛和光的提示，你收到的，就會是對的、而且有價值的訊息。

你的指導靈，有可能會建議你，要去探索內心受傷小孩的問題，也許是爸爸對成功的信念，造成你害怕成功的傷口。也許，是媽媽以大吵大鬧的方式來溝通，形成了你對溝通的恐懼。也沒有標準答案，別以為自己一定不可能收到什麼高深的智慧，而讓頻道緊縮，啥也收不到。請你記得，盡量敞開心胸去玩樂，就當是小孩子在玩遊戲一樣囉！

本週進度建議

↙ 本週一到週三：

1. 閱讀及消化Q&A所提供的通靈基本概念
2. 聆聽「Mophael通靈引導I」至少三次，加強與指導靈的連結，習慣讓頻道保持暢通，並記錄感想、心得，以及遇到的困難。

↙ 本週四到週五：

1. 聆聽「Mophael 通靈引導II」至少三次，縮短進入通靈空間的時間。
2. 目標：由十八分鐘，縮短到十分鐘。
3. 先不看「建議問題以下的文字說明」，自行問指導靈「建議問題」，收到一個答案後，請問「還有嗎？」每個題目，最好可以問出三個答案，藉此訓練增加接收訊息的流量。
4. 看過「建議問題以下的文字說明」以後，進入通靈空間，再問指導靈一次「建議問題」。
5. 記錄感想心得、得到的共鳴，以及遇到的困難。

↙ 本週六到週日：

1. 和你在「指導靈麻吉團」的夥伴約好，可以是一對一，也可以是兩個人以上的小團隊，也許面對面，也許透過電話，或 Skype 等通訊軟體，試著自己複習並且想像，也就是不聽「Mophael 通靈引導II」，自行進入通靈空間。
2. 再仔細看一次「建議問題以下的說明文字」。
3. 然後，互相幫助對方通靈，再問一次本週「建議問題」。另外，還可以再多加一個問題：「除了之前『建議問題』以外的訊息，還有什麼，是可以幫助我通靈進步的？」（這就是在盧指導靈，試著增加訊息流量囉！）

4. 請這樣練習，至少兩次。提醒你，將自己通靈所收回的訊息，以錄音設備記錄下來。

方法很簡單：

1. 自行練習的時候：請在進入通靈空間後，睜開眼睛，看第一個問題，再回到通靈空間，將頻道打開，調整呼吸，氣球推高，將浮現腦海裡的第一個直覺——不管是視覺、畫面，或想法，以語言轉述出來，收錄在你的錄音設備當中。回答第一題後，再睜開眼睛，看第二題，以此類推。

2. 和「指導靈麻吉團」夥伴練習的時候：在你自行進入通靈空間，連上了對方的指導靈之後，請夥伴將問題一一提問出來，當然，題目中間記得留時間，好讓你來回答囉！替夥伴通靈問「建議問題」，是一個很好的聲音刺激，對大多數人而言，比較不會因為睜開眼睛，感到分心或沒信心。當然，你也能請夥伴幫你通靈，你自己來問問這些「建議問題」，甚至——其他任何有趣、私人的問題囉！請大膽放手一試，好好玩玩看！

超強效練習法

再一次誠心呼籲：

鼓勵你即刻登記，加入「指導靈麻吉團」，每個月固定網上聚會練習，不受地理、空間的限制。除了集結眾人美好能量，振動頻率超級強大之外，還能找到志同道合的朋友，共同切磋討論、彼此鼓勵分享，最棒的是，你還能和其他網友的指導靈成為麻吉，那麼，你的通靈功夫很快就能精進到職業水準喔！

貼心小提醒

我知道，之前囉嗦過你們相同的事。不過，因為實在太重要，就請容許我再嘮叨你們一遍囉！假如你的時間充裕、又有彈性，不妨自行增加練習時間。總之，你練習得越多、越勤，進步的速度就會越穩、越快。最棒的是，不單是通靈功夫進步，就連你靈性成長、自我療癒的速度及規模，都將超乎你的想像。你的指導靈本來就是來帶引你勇往直前、追尋天命，創造出誰也拿不走的人生豐盛的！來，再跟我狂吼一遍：「加油，神力，就在我手中！」喂！也太小聲了吧?!以為我不在你身邊，就沒注意到嗎？快！再聲嘶力竭，跟著我大聲喊出來：「加油，神力，就在我手中！耶！」

建議課外讀物

《靈魂的命運》（*Destiny of Souls*），麥可・紐頓（Michael Newton, Ph. D.）著，十方書出版

《前世今生》（*Many Souls, Many Masters*），布萊恩・魏斯（Brian L. Weiss, MD.）著

《靈癒力》（*Spirited: Connect to the Guides All Around You*），蕾貝卡・羅森（Rebecca Rosen）著，世茂出版

《開放通靈：如何連結你的指導靈》（*Open to Channeling*），珊娜雅・羅曼（Sanaya Roman），生命潛能出版

《靈性成長：與大我合一的學習之路》（*Spiritual Growth*），珊娜雅・羅曼（Sanaya Roman），生命潛能出版

☑ 重點複習

◎該怎麼問指導靈問題？

原則	任何能夠協助你靈性成長、自我療癒、實踐天命、創造豐盛的問題，指導靈都很樂意回答，問得越仔細，答案就越詳盡。所以，請從「學習的角度」來問問題。
注意	1. 請不要問指導靈，任何你會問算命仙的問題，或者，想依賴祂們替你做重大決定，違反自由意志的問題。 2. 請不要問「是」或「否」的問題，或是，「二選一」的問題。
範例	◆「我該怎麼努力，才能找到我的真命天子？」 ◆「我跟這個人交往，會學到的是什麼？或是，會碰到什麼幫助我成長的課題？」 ◆「這個困境，是要提醒我什麼？我該如何化解？」

◎如何確定收到的，是指導靈的訊息？

作法	傾聽你身體的聲音。當你進入通靈空間的時候，身體是不是有一些反應？例如，身體會不由自主地前後晃動，或者，頭頂發麻，身體發冷、變熱，或者，身體其他的部位感到麻麻、刺刺的。這就是一個很好的指標——用來確認自己，是不是在通靈狀態下，收到指導靈的訊息。

◎在通靈的過程裡，發現身體不太舒服

方法	把你的頻道打開，想像你接收來自指導靈更多的愛和光。 請指導靈幫忙。告訴祂們：「我現在這樣子很不舒服，可不可以幫我調整一下，讓我舒服、好過一點？」

◎如何跟小我合作

說明	剛開始練習通靈的時候，小我最愛跳出來，帶著你一起質疑。通靈學得好或者壞，與「怎麼和小我合作」有很大的關係。
作法	當小我跑出來懷疑時，給小我最想要的「肯定」及「愛」，若能真誠地發自內心，小我會慢慢地開始跟你合作的。這個和小我合作的方法，不是只有在練習通靈時，才拿出來使用，它適用於自我療癒、靈性成長、實現願望、追尋天命的任何階段。

◎如何確定不是自己瞎掰？

作法	傾聽自己身體的聲音。看看自己在通靈狀態下，身體會有什麼自然反應，以確定自己帶回的訊息，的確是指導靈給的超高智慧。 向指導靈要求證據。請祂們給你一個ＳＩＧＮ（徵兆）。

◎如何克服恐懼、不確定、沒自信

作法	當你恐懼、緊張、不確定、沒自信的時候，你只需要跟這些負面想法說：「我接受你，我愛你。」然後，請將它們輕輕放到一邊去。這些負面情緒及想法，都是屬於低振動頻率的能量，當你放下它們，還要記得回來提高你的振動頻率，才能繼續和指導靈的能量共振。

◎如何增加訊息流量

作法	只要你敢問：「還有嗎？除了這個答案以外，還有嗎？」請放心，你大可以多問一些。

◎和指導靈溝通時，接收訊息的方式

方式	①視覺型②聽覺型③感覺型④體覺型
注意	每當你進入通靈空間，和跟指導靈的能量連結起來，請不要期待可能會看到、聽到、聞到、嚐到，或是感覺、體覺到。你唯一要做的，就是將所有的感官全然打開，保持高度的警覺心。訊息自己會以最適合的方式進來。

◎如何增加練習成果

作法	按照本書建議進度，每天勤加練習，至少十分鐘。 請勇於往內心探索，釋放負能及限制，得到自我療癒。 多自願幫助別人通靈，帶回靈性成長的訊息。

WEEK 3

第三週
頻道打開，隨時隨地通靈

指導靈，有幾位？

不一定。

每個人一生可能有一位指導靈，也可能有兩位，更有可能有三位以上。**根據朵琳·芙秋博士在《Angels 101》裡的說法，每個人至少有兩位「守護天使」，而這「守護天使」，就是我們的指導靈。**

指導靈，會不會換人？

會的。

每個靈魂，在不同的人生階段，會由不同的指導靈來指導學習、協助闖關。有的時候，甚至會因為不同靈魂學習進度的不同，而臨時邀請專長不同的指導靈，針對我們特別的進化需求、學習進度，各自發揮所長，以協助我們順利地成長。

舉我自己當例子吧！

我在接受馬修的催眠療癒時，發現自己當時的指導靈是耶穌，主要來教我「慈愛」

及「原諒」的功課。等到我開始自修學習通靈之後，我陸陸續續發現，自己還有另外四位指導靈，分別來教我不同的功課或技術。像聖母媽祖娘娘，是來教我有關能量的感應力，尤其是在我「喚醒載光體」的那三、四個月期間。還有，以慈悲著名的觀世音菩薩，也來協助我與能量合作，在祂的啟發之下，我結合了「量子觸療」及「和指導靈溝通」，創造出靈療的嶄新工具「慈悲手」。事實上，「慈悲手」，還是祂啟發我想到的名稱呢！另外，還有慈祥溫暖的土地公，在當時，指引我學習有關喜悅和豐盛的課題，在祂的愛與光當中，我療癒了來自童年以貧窮為恥的傷口。最令我感到訝異的是——關公，也是我當時的指導靈，而且，祂替我光燦照亮的，竟然是溫柔細膩的「感情之路」！

沒錯，我當時一共有五位指導靈。

而且，都是大家耳熟能詳的「神明」。

有趣的是，這五位指導靈，都在我開始通靈之前，就和我的肉身「套過關係」。

而媒介，十分傳統——手掌、聖水、歌唱、焚香、紙錢。

因為父親信仰的關係，我其實是個受過洗的天主教徒，打從出生的那一刻開始，就和西方世界的救世主耶穌的關係密不可分。大約從國中起，二姐結婚後，二姐夫每年大年初二回娘家時，都會帶著我們一家人，到「台南聖母廟」去拜拜祈福。等到我成年以後，在幾次與通靈老師及廟宇乩童交手的經驗之中，也都被慎重地告知，聖母媽祖娘娘是我乾媽的事情。只不過，我當時年輕無知，並不完全相信這所謂的「怪力亂神」。二〇〇一年初，我從加拿大搬回台灣居住以後，朋友也帶著我四處去拜觀世音菩薩、土地公和關老爺。總之，我和這些神明的能量，早在我靈性開悟、學習通靈之前，一直都稱得上「先前就套過關係」吧！因此，當我發現自己的指導靈不但有五位，而且都是家喻戶曉的神明時，並不是很吃驚，反而覺得，都是自己「一路拜出來的」呢！

指導靈，會集體出現嗎？

會的。

有時，祂們會給你一個集體的名稱；有時，會個別給你祂們的名字。

我自己的經驗是，當我與我的雙生火焰在今生重逢後，開始歷經一連串「愛與性」的考驗，指導我肉身及靈魂闖關尋寶的老師，就轉換成一個「指導靈團隊」。這個指導靈團隊的成員，總共有三位。最不可思議的是，其中有兩位，還是我今生的父親和母親呢！

好，來插播個故事，也是個真實的案例。

主角，就是我本人。

二〇一〇年夏天，我因為大環境的關係，不得不從美國搬回加拿大，因而踏上了一場深刻而充滿挑戰的——自我療癒的旅程。在幾位我訓練出來的光行者——像是Sonya

（簡稱S）、Vanessa（簡稱V）、潔安及怡婷的大力協助之下，不管是替我通靈，或者，將我帶進深度催眠的空間，我發現，當時和我雙生火焰的感情困擾，其實是來教我突破一個限制性的觀念，那就是——將性當作控制愛，或者，換取愛的工具。

被迫搬家以後，我的雙生火焰仍舊住在美國灣區，我則回到了睽違十年的溫哥華，才萌芽幾個月的戀情，因此拉開長長的距離，讓彼此都受到相當大的衝擊和震撼。我的雙生火焰，靈魂的名字叫做Ageana，其實就是我靈魂的雙胞胎，本來是同時誕生的一個靈魂，因為靈魂進化的目的一分為二，生生世世到不同的時間、空間投胎學習，有的時候——比如今生，我們會碰在一起，成為對方的戀人、家人、朋友、兄弟或姐妹，共同修習為了將來結合的「愛的功課」。肉身沒碰在一起的時候，我們極有可能一個在靈界休養生息，一個在人間繼續學習，在靈界的那一半，就成為人間那一半的指導靈，以不同的型態相互扶持。

我的雙生火焰Ageana，今生其實是位很棒的畫家，生性浪漫多情、溫柔體貼，渾身上下充滿了藝術氣息。只不過，在認識我的時候，前男友自殺才剛剛滿兩年，還沒辦法對另一段感情許下承諾。而當時的我，因為童年被父親性侵、父親早逝的傷口，仍然深深埋藏在潛意識裡，還沒有完全面對、釋放、轉化，幾十年來，在我的幾段感情當中，總三不五時騷動深沉的不安全感。這讓我在感情的路上風波不斷、倍感艱辛，常常被自己的不安全感，折磨得心神疲憊、遍體鱗傷。

在分隔兩地之後，Ageana表示，仍然想保持我們現在的關係——對我而言，是卡在

「戀人」及「朋友」之間，非常灰色的一個地帶，在這裡，我不知道可以期待什麼，又不該期待什麼。然而，因為害怕從此失去，什麼也沒有，我就暫時先抓著他的衣角，可是心裡的不安全感，早已經蠢蠢欲動，可以說是一觸即發。

Ageana還表示，等他有空的時候，就會到溫哥華來探望我。關於這點，我自然樂觀其成。只不過還不到一個月，他就開始和其他人交往；我深深感覺到受傷。獅子座的我，愛恨分明，不允許、也不願意，和別人分享我的戀人。於是，就在他兩次定下來訪日期，卻又因故延期以後，我終於下定決心，和他結束了情人的關係——就在我生日當天，他打電話來祝賀的時候。

在那通又氣又急的電話裡，我不斷重複對他說：「我和你不一樣，你要當我們是朋友，可以，但是，我沒辦法和我的朋友發生性關係。所以，我不覺得你來溫哥華找我，是一件好事。既然，你以朋友來定義我們，請給我一段時間調整一下心態，我沒辦法立刻就把你當成朋友，同時又和你發生性關係。所以，請你暫時不要和我聯絡！」

我相信，長期在集體意識的耳濡目染之下，大多數的人，都會站在我這邊，也都認為，我這樣做是天經地義的，不管從哪個角度來想、來看，我都絕對站得住腳！

萬萬沒有想到，幾次在深度催眠之中，我的指導靈卻跳出來告訴我：「性，不是用來控制或獲得愛的工具。」

我當下的本能反應是，很想用飛鏢狂射指導靈，同時對祂大吼：「我哪有？明明就是他感情沒辦法專一、又不敢許下承諾，才會造成今天這樣的結果！你知道，我的心都碎了嗎？」

指導靈慈悲依舊，透過S，輕聲細語地問我：「你真正想從他那兒得到的是什麼？」

就在那一刻，我還因為賭氣，不願出聲。不爽，到了極點！

「是愛吧！」

我還是極度忿忿不平，不說話，就是不說。但是，已經開始在心裡默認。

「你想想，你是不是因為得不到『愛』，於是，不願給他『性』？你是不是跟他說：『要當朋友，可以，但是，我沒辦法再跟你發生性關係！』這說明了什麼呢？」

是啦！「從戀人變朋友」，就是我得不到想要的愛情，「沒辦法再跟朋友發生性關係」，就是我不願給他性。這就是赤裸的真相——因為得不到他的愛，就不給他性。只不過，是被我美麗地包裝在——不和朋友發生關係的大道理之下。當然，我抵死不想承認。

「這樣，不就是『利用性』，來控制『愛』？這樣，不也就是『把性當成工具』，為的是想得到『愛』？」

這位直搗問題核心、一棒打醒我的指導靈，不是別人，正是我今生的父親，跟著我一起投胎，主要的目的是訓練我走出「愛與性」的迷思，祂靈魂的名字叫做Alumi。而我今生的母親，也跟著我一起投胎，主要是引領我通過「放下罪惡」，以及「學習信任」的考驗。祂的靈魂，名字叫做Attilena。

當我發現我個人的「指導靈團隊」裡，有自己今生的父母親時，真的很難想像，也很難接受。為什麼？因為，以我的人智來想，怎麼也想不通，為什麼要我在年紀很小、心靈脆弱的時期，就受到性侵害的巨大折磨，這未免也太過殘忍了吧？雖然我深深明白，這些是我和我的雙生火焰在投胎前，一起同意要經過的重大考驗，也就是說，我的靈魂——Mophael直接參與，並且同意這個課程的設計，為的是讓我和Ageana，以愛和光破除集體意識對愛與性的迷思，有助雙生火焰的結合。

坦白說，我的人腦真的無法接受這「奧妙」的設計，也不清楚，我和Ageana到底是不是解開了這「愛與性的考題」，往雙生火焰結合的目標前進。我只知道，我和他胸口的粉紅色玫瑰，已經結合為一，成為雙生火焰的玫瑰火把，讓我在協助客戶療癒時，多了一樣美麗有效的靈性工具。粉紅玫瑰，象徵的是每個人的靈性玫瑰。每個靈魂胸前都有一朵，十分高貴芬芳、優雅動人。值得一提的是，我在這個自我療癒階段的後期，請一位通靈幾十年的老師——赫里斯．波克替我通靈，她也是教我通靈的其中一位老師，通靈結果證實，我爸爸的靈魂Alumi，和我媽媽的靈魂Attilena，的確是我的指導靈，兩位都是協助我通過「雙生火焰結合考驗」的指導靈。只不過，祂們以「指導靈團隊」的面貌出現。

像這樣，一個家族協定好，彼此成為其他成員指導靈的故事，我還知道一個，也算我親身體驗的真實案例。

故事男主角叫波多士（簡稱P），是我在溫哥華剛認識不久，但從來沒有見過面的朋友。

在正式見面之前，我們只講過一通電話。事實上，我們本來約定的第一次會面，因為他患有重感冒，而暫時延期。之後，我們以簡訊聯絡了一陣子。後來，P因為感冒久久不癒，咳嗽咳了很久，最後，終於變成了支氣管炎。

我不忍看他咳了這麼久，又這麼難過，就雞婆地向他提出建議：「要不要我用『慈悲手』替你調整看看？」同時，我簡單地跟他解釋：「慈悲手，是一種能量療癒的工具。我可以透過電話——或是遠距離，也不用見面，替你調整能量，看能不能讓你好過一點。」

我自己有好幾回感冒咳嗽，咳得很嚴重，有的時候，連血絲都咳出來，我都會請S以慈悲手替我調整過，所以我很清楚：它很好用，也很有效。

「我雖然沒試過什麼能量療法，不過，看你這麼誠懇，我願意試試看。」P像是下定決心，冒一個什麼險似的答應下來。儘管我一直說，我不會伸手碰到他，請他可以放心。事實上，我打算在早上打坐的時候，進入他的能量場，看看他的指導靈要我如何幫他調整咳嗽。就連見面都不需要。畢竟，他還在康復之中，沒有必要大老遠跑到我的療癒空間來。

隔天早上，我在例日打坐的時候，刻意連上了P的指導靈，請祂讓我看到，影響P咳個不停的能量狀態。很快地，我看到了他右邊的支氣管，以及連著肺部的邊緣，有黏黏黑黑的能量，感覺起來，好像是延著他的支氣管，在管內及肺部表面搔他癢，才會讓他咳個不停。在指導靈的提示之下，我用幾根無形的能量細針，輕輕插進他的支氣管和肺部邊緣，有點像是在能量上「放血」的意味，只不過，放出來的是需要釋放的能量。

當然，不意外地，指導靈特別交待，一個人要是主要用右手寫字，那麼在他的右手邊，就反應出來自母親的能量。因此，這個因為能量堵塞，造成久咳不停的現象，主要是因為P對母親感到深深的罪惡感。

我事後在轉告訊息之餘問他：「你是不是在童年的時候，覺得自己無法保護母親，而感到自己很無能、很自責，因此埋下了深深的罪惡感。我收到的感覺是，你小時候看過爸爸動手打你媽，你爸爸對待母親的方式，也不是很尊重、很溫柔。」這個訊息，在當下並沒有完全得到印證。

「我爸對待我媽的方式，的確不是很溫柔，我也不太欣賞他這一點。」P緩緩地回答：「但是，我不記得看過我媽被我爸打的事情，也感受不到我對我媽有什麼罪惡感！」

對於這樣無法得到客戶共鳴的情況，我早已習以為常，也不以為意，只輕鬆轉告他：「指導靈會這麼告訴你，一定有什麼用意，也許你現在記不得，或是感受不出來，沒關係，你先把這個訊息放在心裡，說不定幾天之後，你會明白祂的用意囉！」

我只是個媒介，是祂的指導靈用來傳遞訊息的管道，我可以不用急著說服他同意，或是相信我所帶來的訊息。

這個位置，我很清楚，也站得很穩。

然而，在使用慈悲手替他調整能量時，我發現他的能量堵在右邊脖子下方，他則大力否認：「我咳嗽的時候，是感覺左邊的氣管會痛，不是右邊。所以我想，你會不會搞錯了？或者，你看到的是我的『鏡相』，左右剛好相反？」

這個問題，無解。

我也不知該如何解釋。

我打算掛了電話之後，再進入打坐的空間，問問看是怎麼回事。

隔天早上，我又利用靜心打坐的時候，請來P的指導靈。

我將P的疑問轉告祂：「為什麼我感受到的，是P右手邊的能量有問題，但是他自己感覺到的，卻是他的左手邊呢？」

「因為，他的能量場和一般人不同，的確像是『鏡射』一樣，左邊和右邊相反。其實，不能說是『相反』，而是當你以『你的人腦』要去轉譯的時候，把方向對調過來，就可以了。」

指導靈給的解釋，的確深奧玄奇。

事實上，深奧玄奇的，不只是發生在P身上，左右相反、能量鏡射的現象。在進一步的對話當中，我還發現，P一家族的靈魂祕密呢！

這個祕密，就是P今生一家人，有不少成員是彼此的指導靈。什麼意思呢？P的靈魂家族共同約定好，今生要互相幫助學習，因此，祂們只用了身上部分的能量，投胎到地球的肉身裡，在地球上結合成一個家族，共同修習「愛的功課」。最令我感到意外的是，祂們部分的能量用來投胎成人類，剩下的就當其他成員的指導靈，協助他們成長、進化。再仔細一問，我發現，P的指導靈，竟然是他今生的外婆，人已經在幾年前過世了。另外，不受尊重，也未受溫柔對待的母親，更不可思議地，是P父親的指導靈。她也在幾年前心臟病發，走了。而P的爸爸，則是他大哥的指導靈。爸爸和大哥都在幾年前，相繼自殺而離開了人世。

這些訊息，對我造成極大的震撼，比發現我爸爸是我的指導靈，還要難以接受——別說是「接受」了，就算要能「理解」，都難得不得了。我慢慢睜開雙眼，心裡正納悶著：「我要怎麼對P說明呢？他根本還不了解這些，可能只會覺得我是個瘋子吧？別說他了，我自己也覺得這個訊息太過前衛，說不定，我真的是瘋了呢！」就在這個時候，有股力量要我立即登入臉書，我也不知道為什麼。好，手機一開，畫面立刻跳到朋友的最新動態。

就在那一瞬間，我整個人凝結成冰，動也動不了。

映入眼簾的，竟然是知名英國歌手史汀（Sting）和他老婆楚娣（Trudi Styler），為了慶祝舒曼（Robert Schumann）一生，所舉辦的詩歌朗誦加音樂表演的藝文活動。你猜猜看，這個「朗誦」加「配樂」的活動名稱，叫什麼？

答案揭曉，就叫——

Twin Spirits

直接翻譯成中文，就是——

雙胞胎靈魂。

於是我知道，自己並沒有瘋，我所收到的訊息，的確是真的。波多士的指導靈太了解我的掙扎，因此藉由「雙胞胎靈魂」這個活動，讓我知道波多士的靈魂家族裡，兩兩一組，像雙胞胎一樣，彼此約定成為對方指導靈的安排，不是我杜撰、更不是我瞎掰出來的。此刻感到萬般渺小的我，不禁讚嘆起來：「道可道，非常道！」宇宙的安排，實在太過神妙，遠遠超乎我們人類智慧所能想像的啊！更奇妙的是，當我將訊息轉述給男主角時，他接受度極高，還連聲回我：「這很有可能！很有可能！」

怎麼樣？這樣的指導靈團隊，這樣的靈魂課程設計，很玄妙、但很精巧吧！

反正，錯，就是指導靈的錯？

你在通靈的時候，必須要確定，你的頻道沒有緊縮，而是完全打開著的。什麼會讓你的頻道緊縮呢？就是你緊張啦、害怕啦、不確定啦，沒有信心啦！尤其是——當你收到的訊息，可能會隨即得到對方印證是對還是錯，或者，讓對方無法接受、無法產生共鳴的時候。那時候，我相信你會很緊張、很害怕！你會有這種心情，我完全能夠理解。但是**請你千萬要記住，你的責任「不是要說服他」，而是把收到的「訊息轉告給對方」知道，換句話說，你只是個傳送訊息的人——**收到什麼，就告訴他什麼而已。如此罷了！

在這裡，我要送你一句話，請你牢牢記在心裡。我在很早期所教出來的通靈學生，曾經理直氣壯地講過：「反正，錯，就錯在指導靈嘛！又不是錯在我，我幹嘛怕呢？」確實是這樣，你膽子越大，你越不怕，你收到的訊息就越多、越精準，甚至──越快速呢！

榮耀所有訊息？

通靈初學者，常常不小心就掉進一個惡性循環，很難、很難跳脫出來。那就是──懷疑自己帶回來的訊息，是不是小我的想法？是不是自己瞎掰出來的？不然，就是擔心自己帶回來的訊息，說出口會被證實是錯的，或是，無法讓對方產生共鳴。總之，就是怕犯錯。也因為怕犯錯，本來應該打開的通靈頻道，就立即緊縮起來，而頻道要是緊縮起來，通靈的訊息品質、速度就變得奇差無比，所轉譯出來的訊息流量也會少得可憐。

我，當然也是過來人。

記得，我在上馬修的通靈課的階段，有某一個星期六，他等該出席的學生都到齊了，就一屁股坐下來，對大家說：「你們有誰，害怕通靈收來的訊息是錯誤的？」還沒等任何學生舉手，他就先高高舉起右手。這時，大家才紛紛將手抛在空中，表示都害怕犯錯。緊接著，馬修開口高聲地說：「我通靈幾十年了，到現在，我都還是怕犯錯。」言下之意，等於無聲地告訴所有學生：「怕犯錯，是很正常的。」在當下，我的確因為這個表態而寬慰不少。我心裡鬆了一大口氣，彷彿聽到自己跟自己說：「連通靈幾十年的老薑都怕犯錯，那麼，我大可以放心地『害怕』且『允許』自己出錯囉！」

坦白說，我早就已經忘了，當時馬修建議的解決方案是什麼。我只記得，要讓通靈順利進步，好像是在和我們的小我玩心理戰。你越不想犯錯，或說，越害怕犯錯，反而更容易出錯，讓頻道緊縮起來，收不到品質精良的訊息。那麼，除了我前面所提供的方法之外——也許，你都已經試過了好幾次，卻還是會感到害怕，你還能怎麼辦呢？在這裡，我還要再分享一個強效的方法，你不妨也試試看囉！

概念，很簡單。

那就是，榮耀你所有帶回來的訊息。

同時，也榮耀你練習夥伴帶回來的訊息。

什麼意思呢？

好，換白話文來解釋：那就是，不管訊息是對或錯，是否能得到共鳴，你都相信，它是正確的。

這種作法，也是和小我玩心理遊戲。

來，我們一起試著想像看看。你是一個小學生，大概十歲、十一歲左右，在你參加猜謎比賽之前，你爸爸跟你說：「不管你想到的答案，是對的還是錯的，我都相信你的答案是對的。你就大膽地把想到的答案說出來！」另外，在你身後，也有一個小學生，和你同樣年紀，也準備上場比賽猜燈謎。就在出賽以前，他媽媽跟他說：「不管你想到的答案，是對的還是錯的，你不要太快把答案說出來，要先好好想清楚，確定是對的，才能說出來！」

好，你覺得，誰比較敢將想到的答案說出來？久而久之，誰比較不害怕犯錯？文，誰比較不容易失常？看到這裡，你應該已經知道，我想告訴你的是什麼了吧？沒錯，請你永遠相信自己的訊息都是對的，你越能這樣告訴自己的小我，你就越少犯錯。為什麼呢？因為小我真正要的，不是你用「小心凸槌」、「不要犯錯」耳提面命的方式，而是「我都相信你」、「我都一樣愛你」的肯定及鼓勵啊！

隨時隨地通靈法

我不敢講自己是個聰明的學生。但是，我絕對是個願意花時間練習的勤勞學生。

剛開始學習通靈的那幾個月，我都會主動利用零碎的時間來練習，甚至到了「隨時隨地」都將頻道打開的地步。沒錯，因為我不相信邪靈、低靈、惡鬼，或是什麼外星妖魔、寄生蟲，因此我百無禁忌，只要是心血來潮，就立即將頻道打開，和宇宙慈愛的光連結起來。儘管，我沒有什麼大事要詢問我的靈性參謀。一直到現在，我的通靈頻道，基本上是7－11，二十四小時都敞開的。首先，我並沒有因此而發瘋中邪、走火入魔。反而因為「隨時隨地」將頻道打開，在協助客戶自我療癒的空間裡，我總是能夠快速和他們的指導靈接上線，精確地帶著他們，找到需要療癒傷口的源頭，然後將它們有效地釋放及轉換。

你們有位學姐法兒摩，甚至將我「隨時隨地」練習通靈的習慣，發揚光大變成了「隨時隨地通靈法」。操作的方法很簡單，就是將頻道隨時隨地打開來，就算沒什麼問題要問，也會和指導靈聊南說北、閒話家常。不過，她自行研發出來的創意通靈法，很值得介紹給大家。她會在和朋友聊天的時候，自行進入通靈空間。自行進入，就是沒有刻意讓對方知道的意思。然後，她三不五時會以指導靈的角度來答話，順便以此觀察朋友的反應有什麼不一樣。換句話說，有時候，她會告訴朋友自己的「人的想法」，有時候，會將「神的想法」暗自轉告給朋友，看看朋友在「和人」互動時，跟「和指導靈」有什麼差別。

通靈，會讓深層負面情緒被翻出來？

剛剛開始學習通靈的時候，一般來說，都會進入一個甜蜜期，或者說是——蜜月期。你會變得很陽光啦，極為正面啦，總之，就是很開心、很輕鬆，好像每分每秒都很開心、陽光，可能也不知道在爽些什麼般地快活。這是因為你剛開始大量地、頻繁地接觸宇宙聖潔的光，你的日常生活，也因此會出現一些光亮燦爛的改變，像是變魔術一樣。譬如說，你會感到很輕盈、很自在，也可能變得主動樂觀、積極進取，甚至，你會想要做一些正向的改變，像是——你會想要把家裡徹底地清理一番，不要的舊衣服、舊家具丟掉，也可能出現想買新衣服、新行頭的衝動；也或者，你有一些新的計畫，想要大刀闊斧、徹底改變等等。

誠心建議你，碰到這個情形的時候，請你務必跟著你的直覺去行動，這個其實也是你的指導靈在帶領著你，有效率地改變你的日常生活，為你的自我療癒、靈性成長、實現天命及創造豐盛，打下紮實穩固的根基。請你好好享受這段難得的甜美時光，為往後的奇蹟歲月勾勒雛形。

因為蜜月期過了以後，你很可能就會開始覺得低潮來襲。這也是極為正常的現象。請你千萬不要擔憂害怕。這絕對不是因為你被卡到陰，或者，遇到不乾淨的東西、被妖魔纏身、怪物迫害。請你大可以放心！真的，請放下心來，好好安靜一下，往自己的內心世界觀照及探索。你終究會深刻體會到——這是宇宙無盡的愛與慈悲的體現。

有人說，這是一個所謂的「排毒期」，然而，我個人比較偏好「釋放期」的說法。因為這些所謂的「毒素」，其實也是你的一部分。它們都是你的靈魂，安排來協助自己靈性成長的好老師，是來教你些什麼，並且協助你美麗蛻變的。若用「排毒」兩字來看待，就有和它們抵抗、互相對立的意味。這只會讓它們不斷長大。若講「釋放」這個詞，則涵蓋了和它們面對面坐下、將它們轉化成愛及光的慈悲情懷。這能有效地幫助我們學會「接受的奇蹟」，同時讓我們更快速地取得低潮後面，所隱藏的人生寶物。

平均來說，在喚醒通靈能力以後，大概三個星期到一個月之間，你可能會開始進入

低潮期。因為，你大量接觸指導靈、宇宙、天使的愛和光，你的身體裡，或者能量場裡，有一些需要釋放的東西，就會開始被釋放出來。於是，你就可能感受到情緒低潮。請你記得，它們之所以會在這個時候出現，是因為，它們就要從你潛意識很深層的地方離開了。它們要是能夠順利地離開，你就能順利地得到自我療癒，換來的，也就是一身的輕盈、自在啊！而能量的輕盈自在，就是通靈的流暢自由，當然也就是你實踐天命、創造豐盛的最佳神力囉！

如何處理莫名的低潮？

遇到自己不喜歡的想法或情緒，永遠記得以最柔軟、最慈愛的心胸接受它們，絕對不要和它們對抗，也千萬不要和它們爭辯。

你可以充滿柔情密意地，跟自己說以下這幾句話——「你這樣是ＯＫ的，是正常的，我接受你，我愛你。」

你看平常怎麼親密地叫自己，比如說，你叫自己「圓仔花」好了，就請你加上自己的小名說：「圓仔花，你這樣是ＯＫ的，是正常的，我接受你，我愛你。」事實上，不只是你在通靈的階段，只要生活當中，碰到了任何負面的想法或情緒，你都可以這樣做。記得，請你耐著性子，多跟自己溫柔地說幾次，你會發現，你很快就能安靜下來。

這個時候，你可以將手上有的工具拿出來用，譬如說——打坐、送光，或者其他任何靈性工具，都請你記得拿出來使用，幫助自己走出低潮。

這四句話真的很好用。你們有學姐叫它們「四句箴言」，因為在情急之時，它們很可能會救你一命呢！

要提醒你的是，如果，有一種不舒服的情緒不斷浮現出來，或者說，有一個負面的記憶一直重複出現，這通常就表示，有個傷口需要深入去探討、去面對，再藉由接受、釋放及轉化的方法，得到深層的自我療癒。我衷心建議你，你可以先用手上的工具自我療癒看看，要是自己實在不行的話——有時候，不是自己不行，而是自己不夠客觀，這個時候，最好去找一位專家來幫你比較好。也就是說，這個專家可以從客觀的角度，協助你找到傷痛的根源，再利用專業的工具，有效地協助你徹底地自我療癒。

鄭重提醒你，請不要再將這些好不容易浮到表面，很容易就要離開，或是，很輕鬆就能轉化的能量，再度深深壓回你的心裡。它們要出來，就順勢接受它們，讓它們離開你吧！

再囉嗦你一回，只因太重要、太重要——

請記得，它們之所以會在這個時候出現，是因為，它們就要從你潛意識很深層的地方離開了。它們要是能夠順利離開，你就能順利得到自我療癒，換來的，就是一身的輕盈、自在啊！而能量的輕盈自在，就是通靈的順暢自由，當然，也就是你實踐天命、創造豐盛的最佳神力啊！

如何藉由通靈自我療癒？

你有沒有認真想過，以下的問題？

你的生命之中，發生了一連串的負面事件，引起各種黏膩而討厭的情緒，是因為——流年不利、倒楣到家？還是——宇宙為難、時不我予？

其實，這些都不是巧合，也不是隨機發生在你身上的衰運。真的，不是！這些事件也好，情緒也罷，都是來告訴你一些什麼的。它們極有可能都是來提醒你——這是你的靈魂為了進化，在出生前，就同意設定好的挑戰。它們雖然被稱為「業力」，但是真正的用意，是一個貼心的提醒——你有一個傷口需要面對、有一些情緒必須釋放。而且，在它們的背後，經常有一個美麗的功課，要你去發覺、體驗、學習、超越，然後，再從中尋得強化靈魂進化的美麗寶藏，像是——愛自己、自我價值、無條件的愛、原諒、慈悲等等。

這個在許多新時代教學中，不斷被印證的概念，是宇宙用來協助我們靈魂，發揮無限可能及開發無盡潛能的慈悲。因此，**我們在今生成年時期，遇到的這些所謂的不開心的事情，其實都是源自我們的童年，或者前世，也都是我們必須要釋放的厚重能量。**

它們之所以會一直不斷地出現，是因為，你那個東西還沒學會嘛，所以會一直不斷地碰到。因為它們存在的目的，是要來告訴你——你可以釋放這些隨之而來的負面情緒；你可以原諒那些傷害你的人，明白他們是因為來陪你學習，而協定好扮演反派的角色，為的是幫助你學會慈悲；或是，你可放過自己一馬，告訴自己：這不是你的錯，你當時不過是個小孩子，不應該為父母的遭遇負責任。

因為通靈，你回歸自己本來的樣子，和聖潔的光親密接觸，你的指導靈和靈魂，其實也在引導你，去把這些深層的負面能量釋放出來，讓你回想起，你其實來自光裡，也是愛的化身。這個將負面能量釋放出來的過程，就是自我療癒；這個從黑暗裡走回光裡的經驗，也是自我療癒；這個記得自己愛和光的真實模樣，也是自我療癒。

當然，我在這裡長篇大論，解釋這個宇宙的真理，無非是為了提醒你——如果你手上有個工具，可以幫助自己療癒，這個時候，就儘管、用力拿出來使用，別放在書架上發霉、冷凍庫裡結冰，或是在大腦裡惹塵埃。如果有一樣東西，或是，一種情緒出現的頻率很高，你自己實在沒有辦法處理的話，請不要不好意思，趕快找專家幫忙。像我自己，在通過「雙生火焰愛與性」的考驗，就請我自己所訓練出來的光行者——Sonya、怡婷、潔安及Vanessa，請他們用從我這兒學到的專業功夫，協助他們的老師自我療癒。沒錯，即使是老師如我，也需要找專家們協助自我療癒的。在本書的附錄裡，提供了能夠協助你，找到他們的行光資訊。當然，請專家幫忙，會需要花一點時間、花一點金錢。相信我，它絕對值得。我個人的經驗是，每當我釋放掉一些深沉的傷痛之後，就會有一些奇妙的好事發生，不管是金錢或感情，大大小小的願望如奇蹟般，隨心所欲地輕鬆實現。我個人的通靈能力，也是我的催眠老師馬修將我帶回前世，釋放背負了千年的罪惡感之後，突然輕盈醒轉過來的呢！

總之，通靈，真的可以幫助我們自我療癒，也是一項絕佳的靈療工具。

至於，怎麼做呢？

很簡單，就是——不斷練習，不斷實習，同時，不斷發問，不斷請教。

練習及實習，是和光保持連結最直接、最有效的方法。和光緊密聯繫，就是自我療癒！

發問及請教，是將指導靈當作智囊團、參謀的高明作法。指導教授的高視野智慧，讓你自我療癒無往不利！

最後，再多囉嗦你幾句——

我在這個課程一開始的時候，就跟你提過，你的通靈要進步神速，有兩個基本要素：第一個，就是多加練習，只有透過不斷地練習，你才能精益求精、突飛猛進。第二個，就是自我療癒，因為自我療癒，能讓你的能量場變得輕盈透明，當你的能量場變輕變透了，通靈的品質，自然也會變得更好、更讚！

不猜測、不編輯、不刪節、不過度解釋？

一個好的通靈人，不會猜測、不會編輯、不會刪節、更不會過度詮釋指導靈所給的

訊息。這是一個很重要的大原則。

你現在到了這裡，應該已經明白，通靈，是你靈魂與生俱來的能力，就像唱歌一樣，人人都能唱，但唱得有好有壞。其實最正確的說法是，大家收到的訊息都一樣，再從右腦送進左腦，經過轉譯的過程之中，有些人會因此唱破音、音不準，甚至，KEY完全不對。

來，說幾個故事囉！

有一次通靈的課堂上，大概也是這個進度，也就是在上「中級班」的時候，幾位同學，同時幫班上一位同學莫琳（簡稱M）通靈。M要問指導靈的問題是：「怎麼度過眼前財務上的難關，創造出美好的豐盛來？」

幾分鐘之後，同學們開始將收到的訊息，一一轉譯出來，讓M參考。

其中有一位叫做茱蒂（簡稱J）的女同學開口說：「妳這個財務上的困境，是因為妳媽媽的關係。指導靈告訴我，妳小的時候，家裡的收入很不穩定，過得很窮、很清苦，妳媽媽只要一想到金錢，就會變得一副很焦慮的樣子。妳吸收到了這樣的能量，所以就在現實生活之中，不停顯化財務上的各種困境，包括妳現在金錢上的這個難關。」

這個訊息，立刻引來M的反駁，她急忙澄清：「沒有啊！我媽還滿會賺錢的，我家家境還算不錯耶！」

這個沒得爭辯，對吧？

因為，這很明顯的，就「是」，或者「不是」嘛！對不對？當時，我的直覺告訴我，這不是M小時候受的傷，長大了卻記不得的問題。那麼，怎麼會這樣呢？我十分不解。於是，很快就進去通靈的空間，問了一下M的指導靈，到底是怎麼一回事？

非常好玩的是，我也的確收到「收入不穩定」這幾個字。然而，我懂得把自己當成一個很中性的頻道，將當時收到的感覺，化成幾個問題：「M，妳媽媽其實很會賺錢對吧？」

「對啊！我媽很能幹的！」

「不過，妳媽媽是不是很怕錢會留不住，老是擔心家裡會突然發生一件大事，讓家裡破財？」

「嗯！」M肯定了指導靈要我走的方向。

我甚至還進一步感覺到她家裡破財的原因，所以我向她求證：「妳爸爸是不是會喝酒？他是不是過去有喝酒出事的經驗？所以妳媽媽常常會擔心害怕，怕不知道什麼時候，爸爸會喝酒出事？就是因為這樣，家裡總要事先準備好一筆錢，那筆錢，就是要用來替爸爸收拾殘局的！」

「是啊！我爸的確會這樣。」M還進一步透露：「我媽真的很愛擔心，像她老是擔心店裡會出事，結果前幾天，她開的店真的被砸破，裡面的衣服都被偷走，損失了幾十萬塊錢。」

J和我，收到的都是一樣的訊息。不同的是，我沒有過度詮釋指導靈的訊息，認為

「收入不穩定」，就是一般人所謂「賺得錢不夠多」。不是跟你玩文字遊戲，「不穩定」，真的不代表「賺得少」。我以前在保險公司工作時的老闆，就常跟他想吸收為組織成員的人說：「我的收入很不穩定，從每個月二十萬到五十萬之間起伏，不穩定極了！」這聽起來像是笑話。其實，中間有令人玩味的真理，不是嗎？

M兒時家裡收入不穩定，不是媽媽不會賺錢。她的不穩定，是因為「一朝被蛇咬，十年怕草繩」，總是擔心害怕，有什麼驚天動地的壞事就要發生，所以她很焦慮，每每想到金錢，就會覺得錢怎麼都留不住！因為她努力存錢，是為了替爸爸擦屁股，而不是為了家人及自己美好的人生。說來也真有趣，存錢本來可以累積財富，也能帶來財務的安全感，卻沒想到造成了反效果，不但讓M的媽媽極沒有安全感，這不安的能量，也深深植入M的心裡，讓她只要一想到錢，就莫名產生恐懼跟焦慮，而不停陷入一次又一次的財務困境之中。

這個故事，是很棒的教學示範。

它要告訴我們的是，M也是位很好的通靈學生，只不過，她因為小我知道收來的訊息，會立刻得到證實是對或錯，於是「害怕犯錯」的心態，造成她頻道緊縮起來，不小心往她個人所理解的方向，過度詮釋指導靈的訊息。

接著，再說一個更有力、也更震撼的故事！

這也是我個人的實戰經驗，雖不能說是「血肉模糊」，但也絕對稱得上是「心驚肉跳」！

我有一位學生叫潔西卡（簡稱J），請我幫她通靈。根據她的說法，在找我連結之前，她已經先接觸過一些天使，也分別請其他的通靈人，幫她連結過指導靈，證實她的指導靈是大天使中的麥可。

於是，她第一個問題就問：「我的指導靈，是不是大天使麥可？」

「很抱歉，我收到的不是！」我其實很清楚，J很希望得到肯定的答案，但是，我的工作是保持中立，收到什麼，就說什麼，我不能說謊！

我不知道，其他的通靈人是不是真的收到，大天使麥可是她指導靈的訊息？我也不清楚，他們是不是不想讓她失望，或是不想得罪她，就順應她的渴望，答覆她肯定的答案？有沒有可能，他們的確在當下收到大天使麥可的能量，但此時此刻出現的，是她的另一位指導靈呢？

J失望極了，聲音裡的能量變化很大：「可是，其他通靈老師都說是耶！那我接下來，要怎麼問問題呢？」

「我可以再幫妳確定一次，妳等我一下。」我將頻道打開，調整呼吸，氣球推高，幾秒之後，我回覆她：「不好意思，我還是收到否定的答案喔！」

J陷入一片沉默，不知如何是好。

「我可以幫妳問一下，妳這位指導靈的名字，要我問嗎？」

J勉強同意。

我將收到的指導靈名字轉告給她：「妳的指導靈，要我問妳，妳最近是不是花了很多時間，去追求所謂『靈』的訊息？請別誤會，這並不是一件壞事。不過，祂要妳問問自己——我這兒感覺起來，祂似乎很著急，很希望提醒妳這件事，那就是——妳是不是花了太多時間往『靈』的方向走，而忘記了自己是在『人』的身體裡，有一些可以釋放的傷痛，是妳還沒有往內心去看的？妳是不是以為躲進『靈性的世界』裡，就不用面對『肉身之苦』？如果是的話，祂要請妳調整一下方向！」

感覺得出來，J不是很愛聽這番話。不過很棒的是，她提起勇氣，問了一個自我療癒的關鍵問題，卻把我嚇得心驚肉跳！

「指導靈的意思，是說——」J耐住性子問：「我還有什麼傷口，需要立刻療癒的嗎？」

「是的，祂要提醒妳，去深入看一下，妳和媽媽之間的關係，是不是有什麼可以釋放的負面情緒。」

「我不知道我和我媽之間，有什麼需要療癒的耶！」

「我請指導靈幫忙，讓我感應一下妳媽的能量！」

「嗯！」

很快地，我感受到極為強大的恐懼，我的胸口突然悶了起來，呼吸也變得非常急促：「我感受到很深的恐懼能量，感覺很沉重、也很黑暗。」

「我媽的確是有很多恐懼，也很愛擔心。」J印證我感受到的能量：「可以告訴我，她的恐懼造成我什麼傷口，是需要療癒的？」

緊接著，我被收到的畫面嚇得四肢發抖，不敢隨即轉告她訊息的內容。因為，我收到是一個非常、非常震撼的畫面，畫面透露出來，J很有可能是她媽媽被強暴，或是被性侵的產物，也就是說，他媽媽很有可能被強暴之後，懷孕生下了J。我強烈感受到的是，J的媽媽很害怕，就是懷J的時候，非常、非常地害怕，甚至不確定，這個孩子是不是她跟爸爸的小孩。

J最早來找我的時候，是接受我的催眠療癒。當時我們發現，她有被遺棄情結。打從出生開始，一直到十歲之前，她都沒有辦法跟爸媽住在一起，而被丟在爺爺奶奶家，讓兩位老人家扶養。根據她的記憶，小學的時候，她常常在晚上十點之後，獨自一人從爸媽家回到爺爺奶奶家，沒有辦法留在爸媽家過夜。等她稍稍懂事，她問媽媽，為什麼把她留給兩老照顧，媽媽回說，她和爸爸剛剛開始創業，住的又是套房，沒有空間、也沒時間帶小孩在身邊，所以把她交給兩老扶養。

然而，幾年過去了，妹妹和弟弟都出生了，父母依然住在相同的套房，J卻沒有辦法和弟弟妹妹一樣，和父母同住在一個屋簷底下。她只能在放學後去父母家做功課，到了夜晚，還是得獨自回到另一個家裡。這是她在我通靈前，所回憶出來的兒時傷口，也是她感到被遺棄，造成感情不順利的主要原因。在幾次催眠療癒之後，她來到一個關鍵點，因為沒準備好面對更赤裸的真相，於是選擇暫時休息，不再繼續深入探索內心的傷口。

當我接收到J的媽媽被性侵的訊息時，差點嚇出心臟病來！我立刻在心裡想：「要是她直接去問她媽，她媽應該會抓狂吧?!」想到這裡，我根本不敢把收到的訊息忠實呈現出來，所以推說沒收到進一步的指示。後來，我問我的通靈老師，碰到這樣的事情，我該怎麼辦才好呢？我的老師回答我：「你收到什麼，還是要講什麼，因為指導靈會透露這個訊息，一定有他的用意。你是一個通靈人，只是傳遞訊息的媒介，不應該刪節收到的訊息，就算你怕它對客戶造成過大的衝擊，你也應該誠實以告。這是你的職責所在！」

還好，J聽進了指導靈的苦口婆心，決心繼續深入療癒。她回頭來找我，打算更深入地面對該面對的傷口。於是，我在知道她報名之後，就決定要將這個重要訊息，一五一十地告訴她。另外，在這回療癒的第一堂課上，他的指導靈又要我提這件事，於是，我就坦誠將實情告訴她，也解釋我當下保留的原因，讓她明白我的憂慮。

不難想像，J受到非常強烈的衝擊，她的第一個反應就是，也是當下我最懼怕的，那就是——直接去問她媽，是不是真的有這回事！我之所以很害怕，是因為「萬一不是」，豈不是把她和她媽媽的關係，搞得很尷尬？萬一真的演變成這樣的局面，那怎麼辦才好？

我必須要說，指導靈還是有超高智慧的。我們上的那一堂課，非常有意思！就因為這個訊息，J在處理被遺棄的情結上，有了非常重大的突破。以前，她一直不願承認，自己小時候曾經懷疑過很多次，她不是父母的親生小孩這件事。可是，只因為那天的「恐怖訊息」，她勇敢地面對了心裡最深沉的恐懼，也就是——自己不是父母親生小孩的恐懼，或者，因為心裡有這個疑慮，而浮現出十分無助的可怕感受。也因為提起勇氣大膽承認，她在自我療癒上，有了非常巨大的改變。那是跨出釋放傷痛的一大步。也因為跨出這「神助」的一大步，她成功地轉化了更深層的傷口，至於那個傷口是什麼，我就不說了。那是比一般我們所能想像的傷口，還要再深一點的傷痛。

總之，那是一個很了不起的轉捩點。

藉由這個故事，我要提醒你，**一個優質的通靈人，是不會、也不該隱藏訊息的**。儘管，你接收到的是自己覺得恐怖，說出來會毀天滅地的訊息。一般人，像我當初一樣，會有「我不敢講，不敢負責任」的直覺反應。但其實你不需要「負責任」，因為，你本來就是傳遞訊息的人而已。如此而已。因此，請你站好你的位置，扮演好你的角色。

最後，再提醒你一次——

有時候，你收到的訊息其實是對的，是真理，是實情，也的確是這樣。不過，因為對方還沒有準備好要聽，所以沒有辦法理解，或是不願意承認，更談不上接受或改變。沒有關係，那不是你的責任。我說過了，你沒有必要說服他。你只是一個傳送訊息的人。你可以參考以下的說詞：「這是你的指導靈現在要告訴你的，我相信，祂會告訴你這個，一定有祂的用意，你就先記下來嘛！說不定，有一天你會突然想起來，啊！原來是這個意思。我只不過是傳送訊息的人，把收到的訊息，誠實地轉告給你而已。」

如此一來，你的立場就很清楚，因為，你就是在扮演一個傳送訊息的人，並沒有必要說服對方，也沒有要輔導對方，對吧？除非，對方今天來找你，就是希望你協助他自我療癒，那就另當別論囉！

建議練習

請你試著，在不聽通靈引導錄音的前提下，憑著你自己練習的記憶，自行上去那個通靈空間，然後，開始問以下「建議問題」。建議你，設定一個目標，在五分鐘之內，上去和指導靈廝混。你可以設定鬧鐘或計時器，提醒自己，五分鐘到了。

如果你能順利在五分鐘之內上去，我會在加拿大溫哥華，透過我的「載光體」，送給你「替你拍手叫好」的能量。請你打開位於胸口的心輪來接收。你真的很讚！要是你需要花長一點的時間才能上去，也很讚！我同樣也會送給你，獎勵你「努力求進步」的能量。千萬不要責備自己，只需要多多練習，一定可以做到的，好嗎？

建議問題

為了幫助你們增加訊息的流量跟細緻度，今天的問題都請你多問一點。什麼意思呢？以下那些建議問題，都是很大、很廣的問題，因此，你可以在收到一個答案以後，再繼續追問：「除此之外，還有嗎？可不可以再多告訴我一點？或是，可不可以再說明得更仔細一點？可不可以再多描述一下細節？」

提醒你，如果你接收訊息的方式是收到圖像，或者一些符號、影像等等，但不知道是什麼意思的話，請記得不要亂猜測，先詳細、清楚地陳述出來，讓你的通靈夥伴知道；因為，對你沒有意義的圖像、符號或影像，不代表對你的夥伴沒意義。

要是連你的夥伴也不明白，你就可以進一步問指導靈：「這是什麼意思？祢讓我看到的這些，是要告訴我們什麼？」假設，祂又進一步給了你訊息，你還是不懂，你大可要求說：「可不可以，請祢用我們容易懂的方式，來告訴我們？可不可以，再詳細說明一遍？」這是可以問的，請不用害怕，儘管給它問下去！舉個例子吧！譬如說，關於你的天命好了，除了問「我的天命是什麼？」你可以追問細節，像是大膽地問祂：「還有嗎？可不可以多解釋一下，這是什麼意思？可不可以用我懂的方式來說明？除了這一點，還有其他嗎？」

如何努力找到我的天命？

來定義一下天命。

天命，就是你有熱情、又擅長、又能服務人群的事業。它不是讓你為了求生存的糊口工作，而是每個靈魂在出生之前，同意來地球揮灑熱情、創造豐盛、服務人類的真情摯愛。

它是起點，不見得是今生的終點。找到了它，你想要的喜悅豐盛，會自己找上門來，而且速度及規模，會遠遠超乎你的想像。不是每個人在任何時候問指導靈，都能立刻得到清楚、肯定的答案。為什麼呢？因為，追尋天命，是在實踐天命之前，每個靈魂必經的一段旅程。這搜尋的過程，就是一種成長的因子，也是宇宙「生長法則」的體現。

另外，每個人在不同的人生階段，可能有不同的天命，所以，可能不會只有一個單一的答案。當然，也有可能，指導靈只會給你關於現階段的線索，要你自己勇於探索、歡喜追尋囉！

最後，你現在想知道，不代表時機成熟，不見得會得到「如獲天啟」般的答案。問問自己，是不是因為不滿現在的工作，只想從眼前的痛苦中逃開？如果是，可能是好，也可能是壞。好的是，你再也無法當「金錢的娼妓」，只想追求更深層的滿足，從此踏上追尋天命的旅程。壞的，也不是真的壞，只是你基於缺乏的能量來發問，通常得到的答案，又是集體意識恐懼能量下的產物，用白話文來說，就是你可能會被小我誤導，帶到另一份為了五斗米而折腰的工作，做得既不開心，身心又疲累。未來，還是要回頭來尋找真正的「天命」。

如何發揮才能創造豐盛？

一般來說，真正的豐盛，來自於天命的實踐。除非你的靈魂課程裡，有設計了中樂透的「金錢功課」，否則，與其將希望放在中頭獎，不如充分發揮自己的才能，讓你的熱情、專長及服務精神來引導你，創造出真正的豐盛。這，可是誰也拿不走的呢！

如何努力找到我的真命天子？

大致來說，當你內心真正充滿了愛，願意真心愛自己、接受自己、原諒自己、和自己相處，就能吸引無敵真愛、超級幸福。不過，即使是在愛自己的前提之下，每個靈魂今生的課程設定不同，都會有不同的細目可以探索！

請相信你的指導靈，祂最清楚你今生的學習目標，以及生生世世所經歷過的高低起伏，你要是能將一切臣服給祂們、給宇宙，甚至，給你的靈魂，讓祂們帶著你走回愛和光裡，那麼你的真命天子，其實就遠在天邊，近在眼前。

我自己的經驗是，只要跟著指導靈的建議，願意自我療癒過去的感情傷口，包括來自原生家庭或前世的傷痛，同時，從中了解自己不安全感的來由，再根據這個經驗及智慧，願意去改變過去的習慣，那麼吸引來的感情對象，就算不是你所謂的真命天子，也奇美浪漫、值回票價呢！

我靈魂的名字？

我猜想，這很有可能是你最想知道的，對吧？試試看，你可以請他們拼字拼出來，或是慢慢發音發給你聽。有些人可能會收到英文、希臘文或拉丁文。也有些人，會收到中文。假設什麼都沒感受到，別氣餒，時機還沒到而已。下回有機會時，再問囉！

我自己的名字Mophael，是學生替我問出來的，我一直很沒有感覺，也一直唸錯它。一直到在做雙生火焰的功課時，進進出出深度催眠無數次以後，在我的「阿卡莎紀錄」（Akashic Records）封面上看到的，也才學會正確的發音囉！

阿卡莎紀錄，我都說它是「靈魂大書」，裡面記載著我們靈魂生生世世的成長歷史。可以說是我們靈魂的個人傳記。

指導靈的名字？

你也可以問一下，你的指導靈叫什麼名字？試試看，你可以請他們拼字拼給你，或是發音發給你聽。有些人會收到英文、希臘文或拉丁文。也有些人，會收到中文。假設什麼都沒感受到，別氣餒，時機還沒到而已。下回有機會時，再問囉！

本週進度建議

↙ 本週一到週三：

1. 閱讀及消化Q&A所提供的通靈基本概念
2. 聆聽「Mophael通靈引導Ⅱ」至少三次，加強與指導靈的連結，習慣讓頻道保持暢通，記錄感想心得、得到的共鳴，以及遇到的困難。
3. 利用零碎的時間，練習「隨時隨地通靈」，問不問問題，都好！

↙ 本週四到週五：

1. 試著自己複習並想像，也就是不聽「Mophael通靈引導Ⅱ」，自行進入通靈空間。
2. 目標：在五分鐘之內，連上你的指導靈。
3. 先不看問題以下的文字說明，自行問指導靈「建議問題」，收到一個答案後，請問「還有嗎？」每個題目最好可以問出三到五個答案，藉此訓練增加接收訊息的流量。

4. 記錄感想心得、得到的共鳴，以及遇到的困難。
5. 看過「建議問題以下的文字說明」以後，進入通靈空間，再問指導靈一次。
6. 練習「隨時隨地通靈法」，問不問問題，都好！

↙ 本週六到週日：

1. 和你在「指導靈麻吉團」的夥伴約好，可以是一對一，也可以是兩個人以上的團隊，也許面對面，也許透過電話，或Skype 等通訊軟體，自行進入通靈空間。
2. 再仔細看一次「建議問題以下的文字說明」。
3. 然後，互相幫助對方通靈，再問一次本週「建議問題」。記得，多問「還有嗎？」「可以再多說一點嗎？」「可以更仔細地解釋嗎？」（請放心盧指導靈，這是ＯＫ的！）
4. 請這樣練習，至少兩次。提醒你，將你們通靈所收回來的訊息，以錄音設備記錄下來，聽聽看，每個人在通靈狀態中，說話的聲音、語氣、用字，跟平常有什麼不同。
5. 練習「隨時隨地通靈法」，問不問問題，都好！

超強效練習法

再一次冒著「被殺頭的危險」，拿著「張惠妹純白閃亮麥克風」大聲喊話：鼓勵你即刻登記，對，就是現在！義無反顧加入「指導靈麻吉團」，每個月固定網上聚會練習，不受地理、空間的限制。除了集結眾人美好能量，振動頻率超級強大之外，還能找到志同道合的朋友，共同切磋討論、彼此鼓勵分享，最棒的是，你還能和其他網友的指導靈成為麻吉，那麼，你的通靈功夫，很快就能精進到職業水準喔！

貼心小提醒

我知道，之前嘮叨過你們一樣的事，現在也許你開始覺得，它不過是芝麻小事。不過，就請容許我再唸一遍。假如你的時間充裕、又有彈性，請務必自行增加練習時間。你應該都會背了吧？練習得越多、越勤，進步的速度就越穩、越快。最棒的是，不單是通靈功夫進步，就連你靈性成長、自我療癒的速度及規模，都將超乎你的想像。指導靈本來就是來帶領你，還有你的眾親友追尋天命，創造誰也拿不走的超讚人生！來吧！再跟我狂吼一遍：「加油，神力，就在我手中！」

建議課外讀物

《Angels 101》，朵琳・芙秋博士（Doreen Virtue, Ph. D.）著，Hay House出版

《Mathew, Tell Me About Heaven》，Susan Ward著，Mathew Books 出版

《相愛一生》（*Getting the Love You Want*），哈維爾・韓瑞斯（Harville Hendrix, Ph. D.）著，聯經出版

《Keeping the Love You Want》，哈維爾・韓瑞斯（Harville Hendrix, Ph. D.）著，Atria 出版

☑ 重點複習

◎指導靈，就是守護天使？

說明	
	每個人一生可能有一位指導靈，也可能有兩位，更有可能有三位以上。
	根據朵琳・芙秋博士的說法，每個人至少有兩位「守護天使」，而這「守護天使」，就是我們的指導靈。

◎什麼是靈魂家族？

定義	靈魂家族，可能只用部分能量集體投胎到地球，剩下的留在靈界，成為彼此的指導靈。
範例	◆P的靈魂家族，兩兩一組，像雙胞胎一樣，彼此約定成為對方的指導靈，互相幫助學習，共同修習「愛的功課」；P的指導靈，是他過世的外婆；已故的母親，是他父親生前的指導靈；父親過世後，又變成他大哥的指導靈。 ◆M的「指導靈團隊」成員，總共有三位，還包括他已故的父母親，祂們以「指導靈團隊」的面貌，協助他通過「雙生火焰」的考驗。

◎通靈的時候，必須確定你的頻道沒有緊縮，是完全打開的。

說明	初學者常常懷疑，自己帶回來的訊息，是不是小我的想法；而因為怕犯錯，本來應該打開的通靈頻道，就立即緊縮起來。
作法	請牢牢記住：「反正，錯，就錯在指導靈！」你的膽子越大，收到的訊息就越多、越精準、越快速。也請記得榮耀所有帶回來的訊息，不管訊息能否得到共鳴，你都相信，它是正確的。

◎隨時隨地通靈法

作法	很簡單，就是將頻道隨時隨地打開，就算沒什麼問題要問，也會和指導靈閒話家常，和宇宙慈愛的光連結，這有助於快速地連結上個案的指導靈，精確地帶著他們，找到療癒傷口的源頭。

◎如何處理莫名低潮

說明	在喚醒通靈能力以後，大概三個星期到一個月之間，可能會開始進入低潮期。因為，大量接觸指導靈、宇宙、天使的愛和光，你的身體或者能量場裡，有一些需要釋放的東西，就要從潛意識很深層的地方離開了。

作法
遇到自己不喜歡的想法或情緒，記得以最柔軟、慈愛的心胸接受它們，跟自己說：「你這樣是OK的，是正常的，我接受你，我愛你。」

◎不猜測、不編輯、不刪節、不過度解釋

原則	作法
一個優質的通靈人，是不會隱藏訊息的。其實你不需要「負責任」，因為，你本來就是傳遞訊息的人而已。	有時候，因為客戶還沒有準備好要聽，所以沒有辦法理解，或是不願意承認，更談不上接受或改變。你可以參考以下說詞：「這是你的指導靈現在要告訴你的，我相信，祂會告訴你這個，一定有祂的用意，你就先記下來！說不定，有一天你會突然想起來，原來是這個意思。」你就是在扮演傳送訊息的人，並沒有必要說服對方，也沒有必要輔導對方。

◎通靈，真的可以幫助我們自我療癒，也是一項絕佳的靈療工具。

作法
就是不斷練習，不斷實習，同時，不斷發問，不斷請教。練習及實習，是和光保持連結最直接、最有效的方法。和光緊密聯繫，就是自我療癒！

WEEK 4

第四週

療癒內心受傷小孩

通靈，可以強化直覺？

想憑著「自己的直覺」，去猜測運動比賽結果，或其他類似項目，像是——投資股票基金、買賣外匯、期貨等等的人，可能——或者，一定會想問：「通靈，可以強化直覺嗎？」

請用力讀我的唇——

可以！可以！可以！

記得，我在接受成為催眠療癒師時，和我的通靈老師赫里斯第一次接觸，那個時候，她教我們的課是「直覺訓練及開發」，也就是說，在並沒有刻意進入通靈空間的情形之下，來開發及訓練我們與生俱來的直覺力。換句話來詮釋，就是沒有請上知天文、下通地理的指導靈來幫忙，全靠我們天生的本能來達成目的。

那時候，我們玩了兩個一分鐘的遊戲。

第一個遊戲：

所有學生兩兩一組，分成A及B兩人。首先，A對著B方大聲唸自己的全名三次，然後，赫里斯會給所有的B一分鐘的時間，讓他們「直覺、任意」對所有的A，說出所感應到有關於A的訊息，不管是畫面、感覺、想法、文字、語句、聲音等等。時間到了，就讓B回應A，看那些訊息哪些是有共鳴的，或是立刻得到印證的。

完成以上程序以後，就再換人，也是兩兩一組，分成A及B，再重複一次剛才進行的所有事項。這個遊戲我們一共玩了三次，每個人都換了三個不同的夥伴。

第一次玩的時候，A所猜出來的訊息，得到B共鳴或印證的，比例很低。我猜想，很有可能是因為，大家還沒進入狀況，還很緊張的關係。第二次，中獎率就大幅增加到百分之五十以上。輪到第三回合的時候，訊息產生共鳴的比例，更躍升到百分之八十。

這實在是太驚人了！

我記得很清楚，遊戲進行到第三回的時候，我的夥伴是位黑人。在聽了他大聲朗誦三次全名之後，我「看到」一把槍、一個穿著軍隊制服的男子、一堆像是鵝卵石的石頭，還有一棟房屋，前面有一條河流。一分鐘之後，我的同學告訴我，他是一位越戰退伍軍人，當時住在洛杉磯郊外一棟房子裡，房子「後面」的確有一條河流，河流不是很深，裡面有很多小石子。

請容許我，再提醒各位一次，這些訊息並「不是」我在通靈狀態下，所感應出來的；而它的精準度，竟然高達八、九成。這說明了，**我們的直覺，本來就很精準的，只要我們懂得運用，而且，能夠正確連結想感應的能量。**

所有的A大聲唸全名三次，其實就是開放自己的氣場，讓B來連結能量的意思。而所有同學共同聚在一起，為了同一個目的來集中意念，也有助於提高能量的振動頻率，得到有效的共振。於是A和B彼此可以透過直覺，或說右腦，感應到對方的能量——像是背景、人生經驗、當時想法、心情等等。

另外一個遊戲：

所有同學三三一組，分成A、B、C三人。遊戲開始，A在老師的指示下，先想一件「開心」的事情，共想一分鐘。同一時間，B和C同時來感應A的能量。一分鐘到了，就請B和C分別將感應的訊息，不管是畫面、想法、感覺、文字、語句、聲音回饋給A。再一分鐘之後，就由A告訴B和C，哪些訊息得到共鳴，或者得到印證。之後，A換人做做看。一直等A、B、C都分別被感應過後，老師就再指定一個新的情緒，那就是「悲傷」，也就是要A想一件「悲傷」的事情，讓B、C來感應。悲傷之後，再換成「生氣」，共有三種情緒主題。

根據我的觀察，大家收回來的訊息，精確度也高達百分之八十以上，有些直覺很強的同學，甚至得到百分之百的共鳴呢！這說明了，**我們天生就有感應他人能量、情緒、想法、感覺的本能，只是有待喚醒、訓練、開發、使用而已。**

我們之前說明過，**通靈是利用右腦來感應、接收指導靈細緻的能量，因此，多多練習通靈，或是，經常進入通靈的空間，就等於在訓練右腦對能量的感應力；久而久之，你對能量的感應力，自然就變得敏銳而精準。**直覺，也就相對變強、變利囉！

我很知道，當操作投資工作者來詢問：「通靈，是不是能夠強化直覺呢？」言下之意，其實就是想知道，當我的直覺變準、磨利了，是不是就可以用它來投資獲利？當然可以囉！不過請注意，我這裡所說的是，使用「自己的直覺」去判斷球賽勝負、股票漲跌、期貨外匯買賣，而不是請指導靈——也可以說是「你家老大」來預測未來喔！為什麼呢？因為指導靈不是算命仙！不是，就不是！這點，你到現在，應該耳熟能詳，甚至還覺得，我太過囉嗦了吧?!

最後，建議你兩件事情：

第一：你可以在日常生活之中，自己找一些大大小小機會來訓練直覺。比如說，經過你家信箱的時候，在打開來看之前，憑你的直覺猜猜看，裡面有沒有信件。或是，今天老闆會不會發火罵人。

第二：以上兩個遊戲，你都可以自己玩玩看。我想，聰明的你應該已經注意到了，它們都需要至少一位夥伴才能玩得起來，對吧？所以，趕快用你的直覺來猜猜看，我要建議、鼓勵你做一件事情，那是什麼事情咧？沒錯！就是立刻加入「指導靈麻吉團」，和你志同道合的好朋友約好，一起來玩玩這個「開發及訓練直覺」的遊戲。特別值得一提的是，你們可以先用自己的直覺來猜、來感應關於A的訊息，之後再請指導靈出馬，「透露更多」有關A的「小祕密」囉！

通靈，有助發揮創意？

通靈可以幫助我們發揮創意，是可以百分之好幾萬肯定的。

所謂有創意，就是跳脫既定的框架，啟動嶄新的思維、意念，甚至創造力。所謂缺乏創意，多半是陷在左腦邏輯、分析、批判、運算的理智思考之中，無法組織或發展新鮮的玩意兒，簡單地講，就是缺少了靈感。

我們常用以下的成語，來形容得到創意或靈感——神來之筆、天外飛來一筆、靈光乍現、如獲天啟。這些成語裡的「神」、「靈」、「天」，不就是在談和「神」、「靈」或「天」接上了線嗎？這裡的神、靈、天，不就是指導靈、天使，或者宇宙？

什麼時候，或者在什麼狀態之下，我們才能和這些能量接上線呢？我想，你心中早已經有了答案吧？對的，就是當我們本身的能量振動頻率提高，能夠和高次元的靈體能量共振的時候，就能得到「老大們」的「天啟」。你也應該能記得，在通靈空間的時候，你的心情、體能、精神狀況，是怎麼樣的感受吧？當你進入一個寧靜、祥和、喜悅、聖潔的空間，所謂的靈感，是以整個宇宙當資料庫的，也就是說，是取之不盡、用之不竭的啊！

再說，**通靈就是訓練及開發右腦，不斷活用右腦的結果就是，你的想像力會完全活起來，就像是活水一樣，泉湧不絕、源遠流長。**這也就是為什麼，小孩子比較有創意的祕密，因為他們還沒被教導完全以「左腦」來思考，或是全然用「理智」來過日子，所謂的成熟、世故，還沒有限制、掐緊他們靈感的頻道。那麼，是不是小孩子來學習通靈，更容易上手呢？答案絕對是肯定的！

總之，因為通靈，你可以直接連上宇宙的無盡資源，創意也好、靈感也罷，都能在光的照耀之下，從你的潛意識深處活躍啟動，幫助你創造出，就連你自己都要跌破眼鏡的超讚點子，讓你躍升為創意十足的鬼才呢！

告訴你一個天大的祕密，有許多作家，包括我在內，都會在動筆之前，先進入通靈的空間，才開始寫作喔！這個在英文裡，還有個專有名詞 Automatic Writing，直接翻譯成中文，就是「自動寫作」；真正的意思指的是「在通靈的狀態下寫作」。為什麼我寫作的時候，要請我家「老大」來幫忙呢？因為，這遠比我自己有限的人智，來得博大精深、無遠弗界啊！

如何藉由通靈靈性成長？

先來說兩個故事，都是真實的案例。

故事一：

有位小姐，在這裡我們就稱她為「玫瑰」好了。她來找我替她連結她的指導靈，也就是她家「老大」。

Skype 接通以後，我按照慣例，先帶著她引光接地，讓她的心和能量先靜下來，以此釋放恐懼、焦慮及煩躁的能量；同時，也強化我和她在能量上的連結，方便我更精準、更快速地和她家老大接上頭。

等我們的能量都和諧了，也感應到她家老大的能量了（對我來說，就是頭頂發麻了！），我才開口問玫瑰：「請問妳，有什麼地方，是我可以幫到妳的？」

她清了清嗓子，聲音還是有些顫抖地回我：「我想問投資股票的事！」

「可以請妳，再清楚一點地說明妳的問題嗎？」

「嗯嗯，」玫瑰又清了兩聲：「我每次看上的股票都大漲，但是我都沒有買。當我看到，身邊周遭的人買了我看上的那些股票，都賺了大錢，我心裡頭很不是滋味。我想問一下，為什麼會這樣呢？」

很快地，當問題問得清楚、仔細了，就有了很清晰的答案：「妳的指導靈要妳問一下自己，妳是不是平常就缺乏自信心，而且，還滿自卑的？」

玫瑰悶哼了一聲，默默承認有自信心低落的問題。

「缺乏自信心的問題，來自妳父親對妳的管教方式，」訊息不斷湧進來，我的頭頂變得越來越麻，眼前也閃現一片白光，我感到一陣緊縮的能量在胸口：「感覺起來，妳父親管妳管得很嚴格，不管妳怎麼努力，都達不到他的標準。他會打人吧？而且，打得還挺兇的，是嗎？」

玫瑰可能嚇了一跳，沒有想到，老大直接殺進她的核心問題：「我爸的管教方式，真的很嚴厲，不是狂打，就是大罵！我猜，可能是因為他是養子的關係，內心很自卑，所以將他想要證明自己『有出息』的期望，全部都放在我跟我弟弟的身上。」

「也因為這樣，妳常常覺得自己不夠好，甚至沒出息，老是無法討他的歡心，對嗎？」我可以感受到玫瑰深深「自責」，或者說，很「罪惡」的能量，同時轉告她：「妳的指導靈一直要我告訴妳，這不是妳的錯，妳要放掉妳內心的罪惡感！這不是妳的錯。妳也要告訴妳心裡的那個小女孩：『這不是妳的錯，妳只是個小女孩，會發生這些事情，不是妳的錯。我原諒妳，去做一個小女孩該做的事吧！那就是，天真快樂地長大。我原諒妳，我釋放妳自由，妳自由了，我也自由了，因為我已經原諒了妳！』這個小女孩，就是妳的內心小孩，妳可以這樣對她多說幾次！」

就在下一秒，我聽到Skype那頭傳來沉重的啜泣聲。

「妳還好嗎？」指導靈的慈愛，從我嘴裡散發出去，變成能量上的一個擁抱，抱向玫瑰的肩頭。

「我爸在幾年前，自殺了！」說著說著，玫瑰再也忍不住，而放聲哭了起來：「我心裡一直有個想法，我爸之所以會選擇尋短，是因為我太沒出息了！」

這真是令人鼻酸的想法。

還好，指導靈溫暖、慈愛的光，大於我個人小小的感傷，此時此刻，更化成溫柔的語句：「請妳務必要記得，妳爸爸之所以會走上這條路，是他自己個人的選擇，不是妳的錯，更不是小玫瑰的錯。請妳好好釋放內心深處的罪惡感，真心原諒自己，不管是成年人的自己，還是小時候的自己。」

短短三十分鐘的通靈，像是一堂一個小時半的「綜合深度療癒」，從投資股票敢看不敢下手，到缺乏自信心的問題，再深入到兒時父親管教過於嚴厲。指導靈的愛和光，照亮了玫瑰內心深處最隱晦的祕密、最難以言喻的傷痛，一路將她指向自我療癒的光明大道。

通靈，幫助玫瑰看到了自己該療癒的傷口、該釋放的情緒，倘若玫瑰真的採取行動、徹底改變，那麼，這就是通靈幫助玫瑰靈性成長的見證。當然，若真能因此自我療癒，自信心，就是她得到最好的人生寶物。我相信，未來她在投資行動上，會表現得更快、更狠、也更準囉！

我衷心期盼如是！

另外一個故事，也是真人真事。

故事場景在溫哥華。

故事主角有兩位——分別是羅伯特（簡稱R）和小明。

小明，是來自台灣的留學生，在加拿大唸完大學之後，認識了R。兩人交往超過四年，感情很深、也很甜蜜。

R和我，是相識、相知超過十年的老朋友，雖然中間失聯了好幾年。在我搬回溫哥華之前，曾經湊巧在網上碰到他，而再次恢復聯絡。當時，我人還住在舊金山。在電話聊天中，我發現R已成為空中少爺，幾天前，才因為打開機艙置物櫃，不小心被一大包衛生紙卷砸到，左眼下方出現了黑輪，十分疼痛。當時，我已經創造出結合「量子觸療」及「通靈」的「慈悲手」，就主動替他「遠距治療」。當我進入通靈的空間，連結上他的指導靈，我立刻收到指示，說這個和他童年時，來自爸爸的傷口有關。根據我後來的了解，R的出生，是不被爸爸期待的。因此從小以來，就在潛意識之中，造成他自我價值低落的信念，非但不太相信自己內在的聲音，更不相信自己是值得被愛的。還好的是，R雖然人在遠方，也遠離靈性成長好幾年，過去的打坐習慣，也因為生活型態改變，而束之高閣、打入冷宮。不過骨子裡的他，還是非常靈性，也十分能接受我給他的概念——身體上的病痛，來自情緒能量的阻塞。於是，他非常樂於接受我當下給他的建議，也就是先從情緒上去疏通，藉以改善、甚至根除左眼的黑眼圈。

果不然，當下的負面能量釋放了之後，左眼的疼痛指數（從一到十，十是最痛的數字），就大幅從八、九，降到了一。至於黑眼圈消去的速度，根據R的說法，他之前也有過相同的經驗，以前都得花上兩到三個星期，才能完全褪去。而這一次，因為明白了他的「靈性功課」，相關的負面能量也得到部分釋放，因此只花了一個星期的時間，他的左眼，就完完全全恢復了正常。

將近一年之後，我搬回了加拿大。我和R聯絡頻繁，我們的友情比起幾年前來，還要更好、更親。

有一天晚上，R和小明在我家附近吃飯，打電話來問我，要不要加入他們的飯局。電話中，R告訴我，小明因為前一天參加公司的野外戰鬥營，不小心摔傷了右腿，扭傷加腫傷，疼得不得了，只能拄著拐杖，一擺一跳地走路。我聽了於心不忍，就告訴R，吃完飯以後，帶小明來我家找我，也許我的能量療癒工具「慈悲手」，能夠幫得上忙。

半小時之後，果然聽到小明拄著拐杖跳著出電梯的聲音，我很快打開門，歡迎他們，也讓他們坐下來，讓我看看小明受了傷的右腳。鞋子、襪子一脫，天啊！我真是嚇了一大跳！他的右腳腫得幾乎兩倍大，疼痛的感覺，完全顯露在小明的臉上，儘管他努力地表現出，一副「沒什麼大不了」的樣子。

我很快進入通靈空間，請他家老大來幫忙。有趣的是，從能量上的介入，我只能將疼痛指數從八、九，降到七，就再也不往下動了。我很清楚，這又是情緒的問題，又是一堂「靈性功課」。果不然，他家老大要我帶著他進入「想像療癒」的空間，協助他釋放一些負面情緒。

想像療癒，是我創造出來的一種心靈療法。

它是我的雙生火焰指導靈團隊之中，專門指引我，接受、通過有關「愛與性的迷思」考驗的Alumi——也就是我今生父親的靈魂，由他給我靈感，指引我創造出來的。在他的帶領之下，我幾次進出深度催眠空間，將過去幾乎所有學來的療癒工具，以及參悟出來的種種靈性概念，組合成了這個將客戶帶進一個引導打坐，也有點像是淺度催眠的空間，讓客戶充分發揮孩子般的想像力，像玩一場輕鬆有趣的遊戲一樣，協助客戶釋放潛意識的深層傷痛，療癒內心受傷小孩的傷口。

慈悲手也好，想像療癒也罷，都建築在通靈之上。換句話說，我都必須進入通靈的空間，讓客戶的指導靈老大來提供，我的人智不可能會知道的珍貴訊息。這些關於客戶童年傷口的私人訊息，往往就是客戶自我療癒的重要關鍵。

就像小明此刻一樣。

小明家老大要我以國語告訴他：「我故意跟你說國語，這樣你男朋友R，就不知道我們在說什麼！你可以放心。我收到一個訊息，想問你，你是不是壓力很大，怕你目前做的這份工作，會讓你媽丟臉？」

小明眼裡閃過一抹奇異的光輝，靦腆地回答：「還好耶！」

我自然相信指導靈給的訊息，只是小明可能還沒準備好面對赤裸的真相，我也不好逼他承認，就沒再多說什麼。最後，在指導靈的引導下，我帶他進入想像療癒的空間，回到國中時期某一段記憶，釋放了一些負面能量，就將他帶回現實來。

就在這個時候，我、小明、R三個人，同時往小明的右腳一看，腫脹不但完全消失了，一問之下，就連疼痛指數也降到零了。對我來說，這不再是個奇蹟，因為我經驗許多類似的事情，也就是說，我知道小明「害怕讓母親丟臉」的負面能量釋放之後，疼痛會完全消失。但是，對於腫脹也全然消退，我仍舊感到驚奇不已，因為我從來沒有這樣的療癒經驗。更神奇有趣的是，我以前從來不知道，能量的阻塞竟然也會造成外傷，也就是說，我們過去以為外傷是意外的想法，很有可能是錯誤的認知。其實和許多疾病一樣，過去的情緒傷口要是沒有得到療癒，都會讓能量阻塞，而能量阻塞的身體部位，就容易出現疾病症狀，或是發生意外——包括切傷、撞傷、扭傷、腫傷等外傷。

基於保護客戶的隱私，我沒有告訴R，小明扭傷真正的深層因素。即使我和R，其實是比較熟的。我送著小明出門，此時此刻，他再也用不到拐杖，也不用又擺又蹦地行動。「真是個奇蹟！」我心裡忍不住讚嘆著。

沒想到，隔天和R通電話的時候，才知道小明隔天又去健身房運動，不小心在樓梯間滑倒，摔到的地方，又是右腳踝，一模一樣的地方。當然，我知道這是因為他「覺得丟臉」的負面能量，還沒有完全釋放的關係。這不能怪小明，因為他年紀還輕得很，時機還不到，跟他講這些靈性與身體健康的因果，他大概也無法接受。

好幾個月過去了，我始終沒有跟好友R提起，幫小明通靈所帶回來的，靈性成長及自我療癒的訊息。有一天下午，他打電話約我去吃午飯。我們肩併著肩走向餐廳的時候，他突然告訴我，說他要給小明一個驚喜。驚喜是，招待小明住在多倫多的親戚來溫哥華玩。事實上，除了親戚久別重逢之外，還有另一層用心良苦。

「你知道嗎？」R的表情突然嚴肅起來，語調也壓得很低：「小明不敢跟她媽講，他在零售業當售貨員的事情。」

這個內幕，印證了我幾個月前收到的訊息。

「所以，我請他的表妹來玩。」R繼續解釋著他的計畫：「因為，他表妹和他的感情很好，也很親。我是想，小明欺騙他媽媽，說他做的是其他的工作，不是一件好事。他其實沒有必要說謊，自己獨立工作賺錢，是很了不起的事情，尤其是現在經濟不景氣，工作又那麼難找。」

「我能了解小明的想法。」我試著讓R了解小明的難處：「他媽媽把他從台灣送到溫哥華來留學，應該不會希望他成為售貨員，這幾乎是所有東方母親都無法接受的事吧！不過小明的確應該說實話，這樣對他的心理健康來說，才是對的。」說完，我表示，既然R已經知道了小明的祕密，我就順道告訴他，我幾個月前收到的訊息。

「我早就知道了！雖然你沒有說，我也知道你為什麼沒有說。」R不疾不徐地說，一副另有盤算的表情：「所以啊！我特別請來高手，也就是他的表妹，來和他談談心，他們兩人可以說是無話不談。就算小明還是不願意對他媽說實話，我想，他至少應該跟家族中的一個人，開誠布公地聊聊這件事，這樣有個出口，比較健康囉！」

我因為R一片苦心，而深深受到感動。

幾天之後，我再度接到R的來電，他滿心歡喜地告訴我：「小明已經跟他媽說實話了！他心裡頭的那塊大石頭，終於放下來了！」

「真是太棒了！」我也替這對伴侶感到開心：「小明有你，真是幸福。我想，因為這個難得的經驗，小明上了一課很棒的『靈性成長』的課，我相信，他的心靈因此而成長不少。你用的方法也很令人讚賞，實在是太高明了！」

好，這題的題目是：「如何藉由通靈靈性成長？」

我的回答是：「看完這兩個發生在我身邊周遭的真實故事，你還需要我多加解釋嗎？」

倘若你還是鐵齒或裝傻，要我再多做解釋，我就再多說一些。

有嗎？有人舉手嗎？

很好，我沒看到有人舉手。

都懂了，對吧!?

心情不好時，可以通靈嗎？

我真的能夠理解，當你心情惡劣的時候，你什麼都不想做，不管是生氣、悲傷、自憐、自責，你可能只想讓自己縮進這些情緒風暴，別說要你調高能量振動頻率。這時候，要你做清洗能量的深呼吸，吟唱宇宙能量振動的聲音OM，或是引光接地、頻道打開、氣球推高，簡直是要你的命，對吧！因為你可能連飯都吃不下、電話都不想接、門也不願出。

有沒想過，在這個時候，你可以稍微勉強自己深呼吸，來，一連做五次看看？然後，你也許開始不再介意發出OM的聲響，一連吟唱五次；緊接著，你可能也不再排斥安靜坐下來，想像從宇宙召喚過來一道聖潔的光，很快貫穿你的全身，再從腳底板發射出去，溫暖照亮地球的中心。然後，你記得把你的頭想像是一顆氣球，在吸氣和吐氣之間，把它越推越高、越推越遠，同時想像它越來越亮、越來越溫暖……

有沒發現，你可能問題還沒有開始問，甚至，還沒有想到要問什麼問題，就已經靜下來八、九成了？

心情不好，可以通靈嗎？

我強烈呼籲，心情不好的時候，「更要」通靈！更。要。通。靈！

不知道問什麼問題，怎麼辦？

很簡單，那就什麼問題也別問！

你大概以為我會給這個答案，是因為我要麼不是不爽，就是不耐煩。不是的！假設，你因為不知道要問什麼問題，而不願意練習進入通靈空間，再和指導靈混得熟一點，久而久之，你和祂們可能會變得越來越生疏，頻道也可能會緊縮起來，通靈功夫更可能生鏽、變鈍。

還是要建議你，**每天固定挪出一點時間，坐下來練習通靈，即便你想不到，立即、迫切想要知道答案的問題。你就打開頻道，在那邊打坐、靜心，也許五分鐘、十分鐘，甚至二十分鐘、半小時，這都算在練習通靈。不然也可以利用零碎時間，將頻道自由打開，來練習「隨時隨地通靈法」**。

當然，當你和指導靈接上線，你可以反問指導靈：「我不知道要問什麼問題，可以建議我問什麼問題嗎？」再不然，你也可以跟祂們說：「我的生活中有哪些地方，是可以再改進的？或者，再療癒、再成長的？」也或者，你可以把你家老大當成家人、朋友，經常和祂們閒聊扯淡、培養默契啊！

如何請指導靈給證據？

很簡單。

你只要先靜下心來，就可以誠心誠意地跟指導靈說：「我不太確定自己收到的答案，是不是是祢們給的訊息，請給我一個證據，讓我知道，這是祢們給的指示！或者，我的確在通靈，而不是瞎掰！」提醒你，最好「不要限定」指導靈給什麼樣的證據，比如說：「一根羽毛」，或者「讓我中樂透頭獎」。

接下來，你就提高注意力、觀察力，就很類似你在通靈空間的時候，將五種感官打開來，接收指導靈給的證據。我的經驗是，指導靈這個時候給的證據，都還滿直截了當的。問我為什麼？因為祂們知道你的懷疑、不確定、沒自信，所以，通常都會用很明顯的方式，來給你證據囉！

如何處理通靈時身體的反應？

首先，當你注意到通靈的時候，身體上有某種反應，是很正常的。它所代表的，就是能量上的轉變而已。所以請不要害怕。請你深呼吸幾次，跟自己講那四句箴言：「（柔情似水地叫自己的名字），你這樣是OK的，是正常的，我接受你，我愛你！」請溫柔地多說幾次。

有的時候，光是這樣，那些身體反應就會消失不見。

如果身體的反應，還是持續不斷，該怎麼辦呢？

記憶好的同學，應該還記得，我前面有提過吧？如果是頭痛，記得將通靈頻道打開得更大、更寬，好讓更多的愛和光通過。要是頭痛還是持續不消失，你甚至可以請你家老大，用祂高強的「法力」幫你調整。你可以跟祂們說：「我這樣真的很不舒服，請幫我調整一下，讓我比較舒服一點。」

當然，如果出現的身體反應，你不介意，也沒感到不舒服，就好好觀察，甚至好好享受！

要跟你解釋的是，**近幾年來，宇宙送來更多高次元的細緻能量，協助地球及人類進化，尤其是越靠近二〇一二年，這現象就越來越明顯，也有越來越多人能夠清楚感覺得到。對能量比較敏感的人，還可能會出現「胸悶」、「咳嗽」、「頭痛」、「頭暈」的身體反應。請不用害怕，這也是因為能量的變化，在幫助你打開心輪、打開第三眼**（就是道家說的「開天眼」。而這裡的「輪」，指的是「脈輪」，就是我們身體上的能量中心，很類似中醫的穴位）。**簡單地說，這股能量向地球而來，許多在低位置脈輪裡的負面能量，會被沖刷出來，目的是幫助我們釋放這些負面能量，讓我們變得更輕盈、更進化。**

關於脈輪，我們會在高級班的第二堂課，再仔細說明它的位置、功能、運作、功課等等，敬請各位拭目以待囉！

當然，**有的時候，你身體某部分的不舒服，可能是來提醒你，你要釋放什麼負面情緒，或是做些什麼靈性功課，能夠得到什麼人生寶物。**碰到這個情形，該如何是好？你可以問問你家老大，該怎麼來處理囉！當然，你家老大也可能建議你，找一位專家——像是光行者、靈療師，引導你深入探索內心，找到問題的源頭，以釋放、轉化深層情緒；得到自我療癒的同時，也讓你明白，你未來可以如何改變，創造你想要的輕盈自在。

會通靈，很了不起？

我建議你，把通靈當作是一個療癒的方法、工具，或是管道。你如果越能夠從這個角度，來看待這個功夫或是技術的話，你就會做得越好、越爐火純青，甚至能夠青出於藍、更勝於藍。

我當然知道，有些人會覺得能夠通靈很酷啊，把它當作是一個神奇的功夫，拿出來炫耀啦，或者，變得有一點驕傲，甚至拿來歧視別人。「你看，我會通靈，你不會，你的靈性成長，根本就是幼稚園，根本就是小兒科！」很抱歉，我要直話直說，同時鄭重提醒你，如果有這些想法的話，那會阻礙你通靈的進步，或是說，會影響你通靈的品質和通靈的結果。

覺得通靈很了不起，甚至以此為傲、排斥還沒開始通靈的人，通常都是小我跑出來搗蛋的關係。為什麼呢？因為你的小我會擋在中間，它不是要害你，也不是為了要拖累你，而是——嗯，怎麼講呢？小我，也會害怕的，事實上，它最容易覺得恐慌。它的最愛，就是大喜大悲了！至於，小我在害怕些什麼呢？它會害怕你變得更接近靈性了，害怕你變得更平靜、更祥和了，它就會覺得，自己存在的價值變低，就怕你作法把它給消滅了。正因為如此，它會自以為危機四伏，總在盤算著：我要做些什麼，搞些花樣，變出東西來阻礙你也好，嚇唬你也好，哄騙你也好。總之，它自以為是竭盡所能地幫助你，是因為你變靈性了，它就覺得：你不再是你了，你就要消失無蹤了。

那麼，如何處理這個狀況呢？

最好的方式，就是你帶著小我一起成長——給它愛，也給它光。而不是因為它出來妨礙到你了，讓你變得驕傲自大了，叫你開始輕視別人了，你就想要把它消滅掉。一般新時代（New Age）的書，還有老師，在談小我的時候，都把它講得十惡不赦，好像是說，你非得小心翼翼掐著它的脖子，或者，下一秒就該把它槍斃的那種感覺。關於這點，我要強烈建議你，千萬不要這樣來看待或是對待小我。請你記得，你越能夠用愛和它互動，越能夠理解它的作為——其實是為了要保護你，為了你和它的生死存活的問題，而出來伸張正義。只不過它所用的方法，常常都不是很有效罷了！你越能從這個角度來看待它、理解它、擁抱它，並且，以接受它的態度來跟它合作，那麼你的通靈的功夫也會進步得神奇、飛快！

什麼是「內心小孩」？什麼又是「內心受傷小孩」？

我們每個人的心裡面，都住了一個小朋友。這個小朋友，就是我們兒時或童年的自己，也稱為「內心小孩」，是從英文Inner Child一詞翻譯而來的。根據我協助客戶自我療癒的經驗顯示，這位「內心小孩」，年紀最小，可以是回到娘胎裡的胚胎；最大，不會超過潛意識的年紀，也就是十一、二歲。

這位小朋友，在成長的過程之中，因為得不到想得到的愛及關懷，或者說，想得到愛與關懷的方式，和父母親，或者養育他（她）長大的人——像是奶媽、祖父母，所付出的方式有出入，因而覺得受傷。於是，就變成了「內心受傷小孩」。這位小朋友之所以是小朋友，是因為他（她）不懂得用理智思考，只懂得用情緒思考，想要的東西沒得到，或者得到的方式讓他（她）不舒服、不開心，就會覺得：「大人不夠愛我」、「我不夠乖」、「我不值得被愛」等等。

長年以來，這些傷口深深藏在我們的潛意識裡，等著被愛和光照亮——也就是要我們承認、面對、釋放、轉化這些負面記憶。於是，我們不再被黑暗性格所控制，愛上不該愛的人，不敢追求夢想、害怕失敗又害怕成功，想掙脫貧窮卻總被貧窮綑綁，這些明明都是自己的選擇，卻還仰天長嘯、低頭嘆息，埋怨命太苦、運太差！

為什麼要療癒「內心受傷小孩」？

我們來複習前面的故事吧！

沒錯，都是有關聯的。

記得來找我通靈的玫瑰嗎？她因為缺乏自信，不敢買自己看上的股票，看到別人買那些股票賺了股利，她就覺得十分懊惱。在指導靈的指引下，我們知道，她對自己沒有信心的根源，來自兒時父親嚴厲的管教方式，在打罵教育之下，常常覺得自己不管怎麼努力，都達不到父親的標準。這就是她內心受傷小孩的經驗，也變成她潛意識中的一個信念。在這個沒有自信心的背後，還深藏一個可能玫瑰不想承認的想法，那就是——自己不值得被愛，也不值得得到好東西，這包括成功、財富等等。為什麼呢？因為內心小孩很可能會覺得，我常常因為達不到爸爸的要求，被打又被罵，一定是我不夠好、也不夠乖，除非我達到爸爸的要求，我才是好小孩、才是乖小孩，只有好小孩、乖小孩，才能夠得到爸爸的疼愛。

你要是能明白這裡的因果關係，就不難理解，為什麼我們要療癒那個內心受傷小孩了吧！

看到這裡，也許有些人認同「小孩，不打不成器」的教育方式，會在心裡嘀咕：「玫瑰的爸爸，也是為了她好啊！怎麼能怪她爸爸呢？」我很能了解這樣的心情。不過這個想法，是成人理智的想法，你只要想像自己回到三歲，要是被打、被罵，三歲的你，還會這樣理智地來分析嗎？答案已經昭然若曉了吧！要說明的是，我們來探索內心受傷小孩的情緒世界，並不是為了要清算、鬥爭我們的父母。剛才說過，這個小孩因為只懂得用情緒思考，只要不順他（她）意，就會覺得自己受傷。因此若能療癒這個以情緒思考的傷口，我們反而會更愛自己的父母呢！

回到玫瑰的例子。

如果玫瑰釋放了內心受傷小孩的傷痛，原諒了當時的父親，那麼，轉化「自己不值得被愛、不值得好東西——包括成功、豐盛等等的信念」，就變得容易許多。而當這潛意識深處的信念得到轉化之後，她就能展現無比自信及決心，快、狠、準地投資她看上的股票而獲利囉！

這也就是為什麼，我們要療癒「內心受傷小孩」囉！

通靈，如何協助我們療癒「內心受傷小孩」？

這一次，我們來回顧一下，之前在第二週的時候說過的故事。

記得泰莉（簡稱T）嗎？她來找我通靈，希望能夠找出感情問題的癥結。她家老大一語點破，她家族裡「重男輕女」的文化。從她父母一連生了六個女兒，以及她父親那一輩，家裡共生了九個女兒的事實看來，指導靈給的訊息是很精準的，只不過T還沒有準備好，面對這對她來說，可能殘酷至極的赤裸真相。

好，我們來玩一下想像的遊戲。

假設，T聽了她家老大的建議，承認、面對、釋放、轉化內心深處「覺得自己是女孩，不夠重要」的傷痛，那麼，要面對、釋放小時候需要爸爸的時候，爸爸卻總是不在身邊的傷口，就變得容易許多。因為這個「被拋棄情緒」，在她的內心小孩記憶深處，種下一個「我得不到爸爸愛」的種子，加上「女孩不夠重要」的灌溉，她很有可能自己詮釋成「因為我是女孩子，所以我不值得爸爸疼愛」；這個T成年人選擇遺忘、甚至不願承認的「被遺棄情結」，決定了她在感情路上，選擇無法反映她「值得真愛、值得幸福」價值的男子，最後以離婚收場。只有面對、釋放這個傷痛的情緒，原諒自己是個女孩子，也原諒在成長過程之中，讓她的潛意識覺得自己是女孩不值得愛的家長，她才能真正得到自我療癒，也才能找到真正能反映她值得愛的理想男子。

當然，這箇中的奧妙，藉由心理治療也可以探知。只是，有誰會比我們的指導教授，更清楚我們靈魂在今生設定的學習目標，而以直接的方式直搗黃龍、切中要害？當然，要是T準備好要承認及面對了，她家老大還會指引她，用最高視野且最有效的方式來自我療癒呢！

這個例子說明了：通靈，能夠如何協助我們療癒「內心受傷小孩」！

連結兒時父母親的能量，發現父母親的不同信念，如何影響我們的「內心小孩」？

進一步說明：

我個人認為，這一週的主題，是在初級、中級課程當中，最棒的一個單元！為什麼呢？因為它可以充分地發揮出，你前面三週通靈的練習成果。不但如此，你還可以把那些很有效的、很有價值的訊息帶回來。這些關於「內心小孩」訊息的價值在哪裡呢？它們能夠幫助你成長，幫助你療癒，幫助你了解自己的潛意識性格，改變你的黑暗習慣，讓你更陽光健康。

我們會藉由指導靈的幫助，把你帶回小時候，去連結你小時候父母親的能量，看你父母親當時的能量，對你造成什麼樣的影響。因為你在那個環境當中長大，一定會受到那樣的影響。這是從「內心小孩」的角度來提醒你。

另外，我們也來談談「靈魂的生前合約」。

這個主題，我前面大概提過，簡單地講，就是**我們靈魂進入今生肉身之前，和我們將會遇到的親朋好友—像是我們的父母親，簽訂了一個生前合約，彼此協議好在對方的人生裡，扮演什麼樣的角色，來幫助我們學會什麼樣的功課，以達**

成靈魂進化的目的。就是因為有這個設定，你的這一生，有一些事先設定好，要讓你學習的、或是超越的某些功課，於是，從你出生前的家庭環境開始，就先醞釀這些功課。

舉個例子來說吧！

譬如，如果你今生要從自己的心裡或身上，找到對自己的愛或是價值的話，那麼，你很有可能是生在一個家庭裡——可能從娘胎開始，就讓你覺得：你是不值得愛的！不管你怎麼樣努力證明自己，老是覺得無法得到肯定。為什麼？因為要讓你從這個環境當中，去突破重重難關，就像在玩電動玩具「尋寶遊戲」一樣，你過了一關，就會得到一個寶物，那個寶物就是你發現自己的價值，來自於你的內在，而不是外在。

這個設定是從你出生前，還在靈界的時候就已經決定好，也經過你的同意。

根據《靈魂的旅程》一書的研究，靈魂進入胚胎三個月之後，就被鎖在肉身當中，沒有辦法再自由地進進出出。在剛剛受精後、三個月大之前，靈魂還可以自由進出胚胎，甚至到宇宙各地去環遊旅行。不過三個月之後，就沒辦法再這樣了。這等於是說，你這個靈魂被鎖在三個月大的胚胎裡，身為人類的你，能夠直接感受到你母親的情緒。

我在協助客戶自我療癒的時候，碰過非常多的案例，當還在母親娘胎裡的時候，就能夠感受到母親的恐懼、不安、擔憂。恐懼什麼呢？恐懼這一胎不是男的。因為母親知道，如果她生不出男的，在「重男輕女」的文化之下，她會沒有地位。她可能會被拋棄，或者是在家族裡頭會受到歧視、打入冷宮。對於這個小胚胎來講，她就會害怕：「我的性別不是父母親所期待的，我好害怕他們不愛我。」不然就是說：「哎喲！我沒有達成父母親的期望，所以這是我的錯！」不難想像，這些都會影響到這個胚胎的情緒，以及自我價值的高低。

因此我們要請示你家老大，帶著你回溯童年。這裡的回溯分為兩個階段：

第一個階段：你可以請指導靈帶你回到小時候。至於多小？你不用知道。到時候，你的指導靈自然會告訴你。

第二個階段：我們請指導靈幫忙，帶著你回到娘胎，直接感應到媽媽的情緒跟心情。這個通常就是你今生要接受跟面臨的、非常重要的考驗跟功課。它甚至會影響你整個人的個性，還有你的身體健康。比如說：如果你媽懷你的時候，就經常焦慮不安，通常你的腸胃系統就不太好；如果她常常感到恐懼，通常你的腎就不太好。反過來說，如果一個母親在懷孕的時候，她的情緒大部分時候都是穩定的、開心的、健康的，那麼這個小孩子有可能比較外向、比較獨立。

操作方法——我為人人，人人為我

1. 請至少約一位「指導靈麻吉團」的夥伴，面對面坐著，或是透過電話、Skype等語音軟體來進行。
2. 彼此幫助對方連結他家老大，讓他來問以下的「建議問題」。
3. 請依照你們之前的練習經驗，進入通靈的空間或狀態，連結到對方的指導靈。等你覺得，祂出現在你的磁場外面了，就歡迎祂進入你的磁場，接著，你想像祂進入你的身體。你放心，這是很安全的。好，想像祂進入你的身體，然後你透過指導靈的雙眼，想像你看著你的夥伴，此刻就坐在你面前，而且，從現在成年人的模樣開始，越變越小，越來越年輕，個子越來越小，越來越年輕……一直到你直覺上覺得要停下來的時候，你就停下來。等你完全停下來了，你再看（感應）一下對面的夥伴，變成大概是幾歲？接著，你可以告訴你的夥伴說，我現在看到一個小女（男）孩，大概是多少歲這樣子，ＯＫ？最後，你再請他家老大幫助你，連結到小女（男）的媽媽，也就是她（他）年輕版本媽媽的能量。等你直覺覺得已經連結上了，就可以告訴你的夥伴：「我準備好了，你可以開始問問題了！」
就這麼簡單，如此而已。

最後，再提醒你一次，如果中間你碰到了以下狀況：「訊息不夠多」、「對訊息不確定」、「懷疑這是不是自己瞎掰出來的」，還是一樣，請你接受跟愛這些想法，然後把它們放到一邊去，回來調整呼吸、頻道打開、氣球推高，然後再問一次問題，同時觀察一下，你身體上有沒有通靈的反應。

4. 問問題的人，請你盡量幫正在通靈的夥伴多問一些。你可以問說：「還有嗎？還有其他的訊息嗎？」

5. 再一次提醒各位，不要猜測、刪除、編輯，或者過度詮釋你所收到的訊息。如果收到的訊息，你和你的夥伴都不懂是什麼意思的話，你就問指導靈：「這是什麼意思？可不可以用我們懂的方式告訴我？可不可以再多說一點？可不可以解釋一下？」如果不是很確定收到的訊息是對的，你可以大方盧祂們：「你的意思是這個嗎？不是這個，好，那是什麼呢？」

6. 以下每項「建議問題」，都請問問題的人，試著問出至少五樣答案來。這也是用來幫助通靈的人增加訊息流量的好方法。

建議問題及說明

首先，我們先來問關於媽媽的問題，問題如下：

1. 第一個問題是：「請問一下，我媽媽當時主要的能量是什麼？主要的心情是什麼？」

譬如說：開心、焦慮，或者是興奮、害怕等等。

2. 第二個問題，你可以問：「請問一下，我媽媽對於人生的信念是什麼？」

譬如說，她覺得人生是輕鬆、喜悅、充滿樂趣。或者，她覺得人生是一連串的考驗，非常辛苦等等。

3. 好，再來我們問得更仔細：「請問一下，我媽媽對於婚姻、感情的信念，是什麼？」

譬如說，她覺得婚姻是責任，很沉重。或是，婚姻就是很幸福、甜蜜的。

4. 接著，在婚姻當中，我們再多問兩個問題：「我媽媽在感情當中，溝通的信念是什麼？」

譬如說，溝通對她來說，就是大吵大鬧。或者是說，她覺得溝通，就是一直不停地叨唸，不管對方有沒有在聽。或是，她認為溝通是理性平和地把自己的話說出來。

5. 在溝通下面，我們再多問一個問題：「請問一下，我媽媽覺得把內心裡的話說出來，放心嗎？」

好，有關婚姻、感情這個部分就這樣。

6. 接著，我們再來問：「請問一下，我媽媽對於成功的信念是什麼？」

譬如說，她覺得成功很遙遠，不管怎麼努力，都很難成功。或者，她覺得只要努力，就一定會成功。

7. 在成功這個項目下面，可以多問一下：「請問，我媽媽對於夢想的信念是什麼？」

譬如說，夢想？她沒有什麼夢想，她認為，日子能夠平平安安地過、能夠存活下來，她就覺得很了不起了，不要去奢望什麼夢想。或是，她覺得夢想是奢侈品，女人就是要相夫教子。也或者，她的人生就是要勇於追求夢想，人類就是因為夢想而偉大。

8. 接下來，我們可以再繼續問：「那麼，我媽媽對於金錢的信念是什麼？」

可能是想到錢就很焦慮。或者是，覺得錢不管怎麼賺，都不夠用。也可能是，錢永遠留不住。或許是，她永遠都不愁錢，總是覺得很富裕。

9. 最後一個問題，我們問說：「請問一下，我媽媽對我表達愛的方式是什麼？」

譬如說，給我東西吃。或是給我擁抱。也或者，嚴厲地管教我。

10. 問了有關媽媽的問題之後，再問有關爸爸的問題。

要特別再強調一次的是：

本週設定的這個主題，並不是要鬥爭、或是批判你的父母。事實上，要把這些資訊收回來，主要的目的是幫助你、或是你的親朋好友、你的未來客戶自我療癒。像我個人在進行「綜合深度療癒」也好，或是「想像療癒」也好——這些就是我所用的療癒方法，當我和客戶進入了療癒空間，指導靈給我的訊息，其實大部分都是這些。因為祂們的主要目的，是要幫助我的客戶自我療癒，所以各家老大都會讓我知道，這個人小時候媽媽是怎麼教育他的？和爸爸互動的關係怎麼樣？對他造成的影響又是什麼？這些訊息，對療癒兒時的傷口來說，是非常直接有效的。

前面大概解釋過，我們小時候，都希望用某種方式得到某種愛，然而，父母親因為靈魂功課的設定，也就是靈魂彼此之間的協定，於是，就按照出生前的協定行動，或者按照腳本演出，扮演「不懂怎麼給我們愛」，或是「傷害我們」的角色。從人的角度來講，他們真的已經盡心盡力，用所知道最好的方法來愛我們、養育我們。只不過他們愛我們的方式，不是我們所要的，也或者給的不夠、給的太多等等。只要小孩子沒有得到想得到的，就會覺得受傷，這不代表父母親是壞的父母親。

為什麼，我要對各位再囉嗦這點一次呢？

因為在我們的「孝順文化」當中，不管是台灣、大陸或是香港，都有這個傳統，在這個文化影響下，一般人常常會覺得，來談父母親對我們兒時所造成的影響——當然，這邊談的多半是負面的影響，會因此感到十分掙扎、特別罪惡，甚至會覺得太不應該。

從自我療癒的角度來看，這些情緒都沒有必要。真的沒有必要！

事實證明，我在客戶身上看到非常多的案例，那些在自我療癒的過程中，談到父母親帶給他們傷害的時候，也是談得非常傷心啦，激動啦，甚至有的不願意原諒、恨得牙癢癢的都有。儘管如此，幾乎每個客戶都表示，當他們釋放了內心受傷小孩這些負面情緒之後，他們跟父母親的關係，反而變得比較融洽，也更能深入談心事，自然表達親子之愛。建議你為自己做心理建設：我們這樣做，是為了讓我們自己開心快樂，讓自己健康陽光。因為你健康陽光了，你跟你父母親的關係，反而會大幅度地、奇蹟似地改善。

這個批評父母的迷思，在不談孝順的西方文化當中，其實也有。當我發現這點的時候，我很驚訝。因為西方文化並不倡導儒家的孝道。但是還是有些人——而且比例不低呢，在談這些問題的時候，也感到深沉的罪惡，陷進理性和感情的抗爭裡。

我就碰到一個客戶，這裡我們就叫他約翰（簡稱J）。

J的問題，是一個滿複雜的案例。他是加拿大人，白種人，也是一位變性人，從女性要變成男性，已經陸陸續續動了一些更改性別的手術。不幸的是，他小時候被父親性侵，即使到了成年人的現在，還是覺得單獨跟父親相處不是很安全。有趣的是，當他在談到兒時父親所帶給他的傷害時，他成人的腦子裡又覺得，父親的確為家庭付出很多，努力工作養育他們，於是回溯童年談內心受傷小孩的當下，又忍不住被罪惡感纏身。

以下就是引述他當時對父親的陳述——

「我都沒有辦法，親自對我的父親表達感謝之意，因為他的確是為這個家庭付出很多。儘管我小時候被他性侵，一直到現在，我都還是很怕和他單獨待在同一個房間裡。」

為什麼要舉這個例子？主要是要告訴你，只要是人，都會這樣。尤其是小孩子的時候，我們不太懂事，一方面覺得，我想得到愛沒得到，父母親不夠愛我；另外一方面又覺得，父母親的人生中的負面事件——像是婚姻不幸福，家裡很窮，或者溝通不良、舞刀弄槍，都是我的錯，都是我不乖。

天真的小孩子，真的會這樣想！

於是就形成一個錯綜複雜的心結，這個心結，是需要我們用光照亮，用愛來打開的。這就是為什麼，我今天要在這堂通靈的課程，設計這個單元。今天這個單元，是有雙重功能的：一個是幫助你練習通靈；另一個是把受傷小孩的相關訊息接收回來，可以得到某種程度的療癒跟釋放。我有好幾班學生，雖然通靈通得一把鼻涕、一把眼淚，但是他們彼此互相幫助，將愛的訊息接收回來，幫助他們了解，母親和父親對他們兒時的影響，怎麼形成他們各種人生的考驗。

總之，請各位在能量場上面大方打開自己。我知道，要讓別人進來你心裡最脆弱的地方，你可能感覺像是被刺探隱私。請記得，在這個空間裡，指導靈要給你這些訊息，只是要幫助你自我療癒。因為祂們相信你值得愛、值得成功、值得豐盛。祂們的出發點是愛，希望幫助你釋放沉重的負能，創造理想的人生。如果你可以把能量場大方敞開來，你的夥伴能幫你閱讀的東西，就越精細或是越多，那麼訊息就會越深入、越精準，對你的幫助就越大囉！

最後解釋一下，我們之所以要問：「我父母親是用什麼樣的方式，來表達對我的愛？」就是要幫助我們明白，父母親真的是用他們所知道最好的方式，來教育我們、養育我們，只是他們給的東西，可能不是我們要的，如此而已！

在這裡，再將「建議問題」簡單條例出來，讓你一目了然，方便你日後重複練習：

父母主要的能量？

父母對人生的信念？
父母對婚姻、感情的信念？
父母對溝通的信念？
父母覺得將心裡的話坦白說出來，放心嗎？
父母對成功的信念？
父母對夢想的信念？
父母對金錢的信念？
父母表達愛的方式？

本週進度建議

↙ 本週一到週三：

1. 閱讀及消化Q&A所提供的通靈基本概念。
2. 每天練習進入通靈的空間，至少二十分鐘。
3. 問任何自己想問的問題，或是讓頻道保持暢通，打坐靜心。結束後，記錄感想心得、得到的共鳴，以及遇到的困難。

4. 利用零碎時間，練習「隨時隨地通靈」，問不問問題，都好！

↙本週四到週五：

1. 每天自己進入通靈的空間。
2. 目標：在三分鐘之內，連上你的指導靈。
3. 先看過「操作方法——我為人人，人人為我」，問指導靈「建議問題」，收到一個答案後，請問「還有嗎？」，每個題目最好問出五個答案，藉此訓練增加接收訊息的流量。
4. 記錄感想心得、得到的共鳴，以及遇到的困難。
5. 練習「隨時隨地通靈法」，問不問問題，都好！

↙本週六到週日：

1. 和你在「指導靈麻吉團」的夥伴約好，可以是一對一，也可以是兩個人以上的小團隊，也許面對面，也許透過電話，或是Skype等通訊軟體，自行進入通靈空間。
2. 再仔細看一次「操作方法——我為人人，人人為我」。
3. 然後，互相幫助對方通靈，再問一次本週「建議問題」。記得多問「還有嗎？」「可以再多說一點嗎？」、「可以更仔細地解釋嗎？」（請放心盧指導靈，這是OK的！）

4. 請這樣練習，至少兩次，也就是和不同的兩位夥伴練習。提醒你，將你們通靈所收回來的訊息，以錄音設備記錄下來，聽聽看每個人在通靈狀態中，說話的聲音、語氣、用字，跟平常有什麼不同。

5. 練習「隨時隨地通靈法」，問不問問題，都好！

超強效練習法

我冒著被譽為「愛唸老人家」的風險，請你家老大來對你心戰喊話。

如果你還沒這麼做的話，鼓勵你即刻登記，加入「指導靈麻吉團」，每個月固定網上聚會練習，不受地理、空間的限制。除了集結眾人美好能量，振動頻率超級強大之外，還能找到志同道合的朋友，共同切磋討論、彼此鼓勵分享，最棒的是，你還能和其他網友的指導靈成為麻吉，那麼你的通靈功夫，很快就能精進到職業水準喔！

貼心小提醒

之前提醒過你們一模一樣的事，而且每週唸一次。因為實在太重要了！如果你的時間充裕、又有彈性，務必自行增加練習時間。你不用通靈，也知道我要說啥了吧？對，練習得越多、越勤，進步速度就越穩、越快。最棒的是，不單是通靈功夫進步，就連你靈性成長、自我療癒的速度及規模，都將超乎你的想像。指導靈本來就是來帶領你，還有你的死黨麻吉追尋天命，創造誰也拿不走的超讚人生！再跟我重複一遍：「加油，神力，就在我手中！」

建議課外讀物

《Forgive for Good: The Breakthrough Stanford Program》，Dr. FredericLuskin 著，HarperOne 出版

《Radical Forgiveness》，Colin Tipping 著，Sounds True, Incorporated 出版

☑ 重點複習

◎通靈就是訓練及開發右腦。

說明

通靈可以讓你的想像力完全活起來，就像是活水一樣，泉湧不絕、源遠流長。小孩子比較有創意，是因為他們還沒被教導完全以「左腦」來思考，也還沒有限制、掐緊他們靈感的頻道。

◎心情不好，可以通靈嗎？

說明

心情惡劣的時候，還是請你稍微勉強自己深呼吸，然後，發出OM的聲音，一連吟唱五次；想像從宇宙召喚一道聖潔的光，很快地貫穿你的全身，再從腳底板發射出去，照亮地球的中心。然後，記得把你的頭想像是一顆氣球，在吸氣和吐氣之間，把它越推越高……。你可能還沒有想到要問什麼問題，就已經靜下來八、九成了。所以，心情不好的時候，「更要」通靈，讓自己平靜下來！

◎不知道問什麼問題，怎麼辦？

練習

1. 每天固定挪出一點時間，坐下來練習通靈，即便想不到問題，就打開頻道，打坐、靜心，也許五分鐘、十分鐘。
2. 練習「隨時隨通靈法」。

步驟
和指導靈接上線 ↓ 問指導靈：「我不知道要問什麼問題，可以建議我問什麼問題嗎？」、「我的生活中有哪些地方，是可以再改進的？或者，再療癒、再成長的？」

◎如何請指導靈給證據？

作法	你只要先靜下心來，誠心誠意地跟指導靈說：「我不太確定自己收到的答案，是不是祢們給的訊息，請給我一個證據，讓我知道，這是祢們給的指示！」
提醒	「不要限定」指導靈給什麼樣的證據。通常，指導靈這個時候給的證據，都還滿直截了當的。因為祂們知道你的懷疑，所以，都會用很明顯的方式，來給你證據。

◎如何處理通靈時身體的反應？

症狀	對能量比較敏感的人，可能會出現胸悶、咳嗽、頭痛、頭暈等反應。
說明	這是因為能量的變化，在幫助我們打開心輪、打開第三眼，目的是幫助我們釋放這些負面能量，讓我們變得更輕盈、更進化。

◎我們可以藉由通靈，回到小時候，看你父母親當時對你造成什麼樣的影響。

原因	內心小孩在成長的過程中，因為得不到想得到的愛及關懷，因而覺得受傷。
說明	長年以來，這些傷口深深藏在我們的潛意識裡，等著被愛和光照亮——也就是要我們承認、面對、釋放、轉化這些負面記憶，以達到自我療癒的效果。

◎什麼是「靈魂的生前合約」？

說明	「靈魂的生前合約」，就是我們靈魂進入今生肉身之前，和將會遇到的親朋好友，簽訂了一個生前合約，彼此協議好在對方的人生裡，扮演什麼樣的角色，幫助我們學會什麼樣的功課，以達成靈魂進化的目的。

◎練習通靈操作方法

操作方法	1. 請至少約一位「指導靈麻吉團」的夥伴，面對面坐著，或是透過電話、Skype 等語音軟體來進行。 2. 彼此幫助對方連結他家老大，讓他來問一些問題。 3. 請依照你們之前的練習經驗，進入通靈的空間或狀態，連結到對方的指導靈。 4. 問問題的人，請盡量幫正在通靈的夥伴多問一些。你可以問說：「還有嗎？還有其他的訊息嗎？」

	5. 提醒各位，不要猜測、刪除、編輯，或者過度詮釋你所收到的訊息。如果收到的訊息，你和你的夥伴都不懂是什麼意思的話，你就問指導靈：「這是什麼意思？可不可以用我們懂的方式告訴我？祢可不可以再多說一點？可不可以解釋一下？」 6. 請問問題的人試著問出至少五樣答案，這也是用來幫助通靈的人增加訊息流量的好方法。

◎在通靈空間裡，指導靈要給你的訊息，只是要幫助你自我療癒。

說明	因為祂們相信你值得愛、值得成功、值得豐盛。祂們的出發點是愛，希望幫助你釋放沉重的負能，創造理想的人生。

◎療癒內在小孩，不是要來鬥爭父母，療癒了，反而會更愛他們。

原因	我們之所以要問：「父母親是用什麼樣的方式，來表達對我的愛？」就是要幫助我們明白，父母親真的是用他們所知道最好的方式，來養育我們，只是他們給的東西，可能不是我們要的。
建議問題	簡單條例出來，方便日後重複練習： 父母主要的能量？ 父母對人生的信念？ 父母對婚姻、感情的信念？

建議問題
父母對溝通的信念？
父母覺得將心裡的話坦白說出來，放心嗎？
父母對成功的信念？
父母對夢想的信念？
父母對金錢的信念？
父母表達愛的方式？

WEEK 5

第五週
通靈專業魔鬼訓練——成為職業通靈好手

非關精神訓話

首先，請跟著我做一個動作。來！伸出你的雙手，用力地拍拍手，給自己一個超級熱烈的「愛的鼓勵」。然後，再大聲跟自己說：「恭喜你，你讓勇氣和智慧，帶著你進入了通靈高級班！耶！」

另外，有幾件事，想在正式進入課程之前，告訴你：

1. 在「通靈高級班」這個階段，我所設計的課程內容，以及教學的方式，都是以訓練「職業通靈人」為目標。不管未來，你是不是有心要成為職業好手，我都建議你，用這個標準來要求自己。全心全力試試看，好嗎？

2. 進入高級班，就等於從我們人類學校制度中的中學，進入了大學、研究所，甚至博士班，在課程進度及課後練習上，都請各位自行擬定計畫。我就不再像教書匠盯小朋友一樣，對你們囉嗦個不停囉！

3. 由於我個人「自私的目的」，是希望能藉由這個課程，再多發掘、訓練出幫助地球進化的光行者，**我會將我多年累積的知識及經驗，不藏私地化成課程內容，希**

望大家都可以成為職業通靈人，在宇宙能量快速轉變的重要時刻，一起來轉譯宇宙的愛和光。

水晶，可以協助通靈？

就我所知，可以的。

有兩種顏色的水晶，常會出現在職業通靈人的工作坊，或療癒空間。那就是：紫水晶和粉晶。

紫水晶，顧名思義，是紫色的，對應的脈輪是三眼輪和頂輪，可以提高這兩個地方的能量振動，幫助我們打開通靈的頻道。粉晶，是粉紅色的，對應的脈輪是心輪，有助於提高這兒的振動頻率，幫助我們讓心輪保持敞開，傳送愛的能量。有關脈輪的詳細解說，我們會在下一週的進度裡，特別開一個單元來分享給各位。

怎麼挑選水晶呢？

讓水晶來挑你。以購買紫水晶為例，當你到了水晶店，走到紫水晶陳列的地方，很快閉起雙眼，請指導靈幫你選水晶。接著，你望著那一排或一堆水晶，感應看看，哪三個最引起你的注意力。然後，你分別將它們握在手裡，感覺看看。你不一定非要感應出，它們的能量振動頻率，就比較看看，直覺上，哪一個你最有感覺。

這，就是讓水晶來挑你。

好，接下來，我猜想，你們一定會想問我：「通靈的時候，怎麼使用水晶來幫助我？」

請你們記得一個概念：**如果你是右撇子，也就是主要用右手寫字，那麼，你的左手，就負責「接收」能量；你的右手，則幫你「輸出」能量。如果，你是左撇子，那麼，就左右相反：左手，負責「輸出」能量；右手，幫你「接收」能量。**

一般來說，接收能量那隻手，可以握著紫水晶，幫助你接收更多、更細緻的訊息。至於，輸出能量那隻手，就握著粉水晶，目的是，幫你提高輸出訊息中愛的能量。

要強調一點的是，請不要太依賴水晶，或任何外在的東西、工具、法器，它們在能量上幫助你，都有一定的極限。倘若，**為了通靈而提高能量振頻，以接近指導靈、天使的能量，最有效的方法，還是自我療癒及靈性成長囉！**

如何轉化客戶能量？

先來說明，為什要轉化客戶能量。

好，我們一起用同理心，來思考一個問題：「通常，你會在什麼狀況之下，去找人幫你通靈問問題？」答案很簡單：「感到恐懼慌張、徬徨無助的時候。」再來想想：

「這些恐懼慌張、徬徨無助的能量，振動頻率是高？還是低？」沒錯，是低的。

因為，是低振動頻率的能量，容易影響到你下一位客戶的能量。為什麼？因為你下一位客戶，大概也是周旋在恐懼慌張、徬徨無助的能量裡，容易產生負能量的同頻共振。當然，要是你自己的能量也很低，也會受到負面的衝擊，甚至還很有可能，勾動你自己內心該處理的課題，影響你傳遞愛和光的訊息。

一些眼尖的學生，可能已經注意到，我為什麼不從「保護通靈人」的角度，來詮釋這個主題？因為，我個人很認同高靈歐林的說法：「沒有所謂『壞的能量』，只有我們『不會使用的能量』。」有好多能量工作者、或靈修人士，對負面能量太過戒慎恐懼，反而會不斷吸引更多、更沉重的負面能量。怎麼說？很容易理解嘛！就吸引力法則啊！

通靈人，主要的任務是，傳遞愛和光的訊息，不要過於害怕別人的負面能量，常常要防這個、小心那個的，這些都是集體意識中「基於恐懼能量」的信念，你花太多心思在這裡，就很容易顯化這個經驗囉！因此，這裡所談的轉化客戶能量，主要是以服務下一位客戶的角度來談，希望替你的客戶，營造一個能量清新、高頻振動的療癒空間。

好，告訴你**轉化前面一位客戶能量的方法**：

請在一位客戶離開之後，下一位客戶進來以前，選擇性做以下的建議：

1. **用大量清水，沖洗雙手，尤其是手肘以下的部分，沖掉不想要的能量。**
2. **將窗戶打開，讓室內通通風，能快速轉換能量。**

3. **點蠟燭，燃燒不要的能量。**
4. **焚一支香，轉換能量。**
5. **點薰衣草或檸檬精油，也可幫助轉換能量。**
6. **燃燒鼠尾草，拿著它在房間四處燻燒。**
7. **打坐、冥想、靜心五分鐘，想像你的心輪放大到整個房間。**

猜猜看，我個人最喜歡哪一樣？沒錯，崇尚內在、相信自我的小弟在下，最愛的是：利用打坐來轉換能量。我最常用的，是用我的「載光體」，想像它將整個空間包著。也許你的載光體還沒喚醒，用自己心輪的能量也是很棒的呢！

對通靈結果放手？

為什麼，要對通靈結果放手？

要是對通靈結果緊緊抓著不放，通靈頻道會緊縮起來。為什麼？因為，太過在意結果的關係。

這也就是為什麼，有很多經驗老到的職業通靈人都說，替自己通靈的時候，比較不容易確定，收到的是指導靈的訊息。當然，這也就是為什麼，我一直不斷鼓勵大家，最好參加「指導靈麻吉團」，尋找志同道合的朋友，一同練習的主要原因。因為，這些朋友，就是你一輩子靈性成長的夥伴，比較能夠幫你「客觀」地將訊息帶回來，而且，一路走來的革命情感，更能支持你走過未來的靈性考驗。有問題時，別忘了請他們替你連結你家老大啊！正因為他們不是你，不像你太過在意問題的答案，才能客觀準確地為你通靈囉！

當然，你要是替客戶通靈，也要能做到對結果放手！為什麼？頻道才不會因此而緊縮啊！提醒你一件事，這個對結果不能放手的現象，還有一種表現層次，那就是害怕犯錯、擔心無法得到共鳴。至於，如何處理這個層次？相信你，一定早已經駕輕就熟了。我就不再多嘮叨你囉！

如何設定高振頻通靈空間？

建議你，**客戶出現之前，先調整好自己的能量**。多年來，我所進行的程序如下：

1. **清洗能量的呼吸法，做五個輪迴，再加上吟唱宇宙能量振動的聲音OM，也唱個五到十次。**
2. **利用五到十分鐘的時間，打坐、靜心、冥想，提高自己的振動頻率，將通靈頻道自然打開，順利進入通靈的空間。**有的時候，我甚至會先連結好客戶的老大，事先了解等一下，客戶要問哪一類的問題。
3. **送光給客戶及該通靈的課程，想像那堂課充滿宇宙聖潔的光、慈悲的愛。**

客戶到達以後，也請你帶著他，提高他的振動頻率，協助他從恐懼、慌亂的能量中超脫出來，有助於順利連結及傳遞愛與光的訊息。

我建議的程序如下：

1. **請客戶跟著你進行清洗能量的呼吸法，做五個輪迴。你也可以「選擇性」帶著他，吟唱宇宙能量振動的聲音OM，吟唱三到五次。**
2. **引導你的客戶「引光接地」，也就是以話語帶他靜下心來。**建議引導詞如下：

好，現在想像一下，你從天空召喚過來一道光，這道光非常明亮、溫暖，看起來不刺眼，也很舒服。用你的想像力，讓這道光通過你的頭頂、後腦勺，跟頸背，也就是你的頻道。記得這裡一直保持打開，然後，再讓這道光通過你的額頭、眉毛、眼睛，幫助你放鬆眼睛四周的肌肉跟眼球。然後，再讓光來到你的鼻子，通過你的雙頰，你可以把嘴巴輕輕張開一點點，這可以幫助你放鬆身體。然後，再讓這道光往下來到你的嘴唇，通過你的脖子跟喉嚨，再往下穿越你的肩膀、手臂、手掌、你的胸膛、上背部、腹部、臀部、骨盆。然後，再讓這道光通過你的大腿、膝蓋、小腿，再從腳底板發射出去，照亮地球的中心。

這個動作叫做「引光接地」，也就是說，你把光從宇宙引進身體，貫穿全身，再從腳底板發射出去，接到地球的中心。這一個動作，可以幫助你穩定能量，讓你牢牢地固定在地板上。好，現在這道光已經貫穿你的全身，往上連結宇宙，往下接連地球。

3. 然後，**請你客戶繼續保持放鬆，開始問他想問的問題。**

如何在通靈時，展現慈悲心？

每個來找你連結老大的客戶（或親朋好友），大都在靈性成長上、或生活之中，碰到了讓他們困惑、甚至痛苦的問題，非常渴望指導靈能夠指點迷津。所以，請設身處地想像一下他們的心情，你就會知道，為什麼要展現慈悲心囉！

那麼，如何在通靈時，展現慈悲呢？

很簡單，就是「忠於原著」，也就是「誠實轉譯指導靈的訊息」。**指導靈們都是來自光裡的高靈，渾身都是愛和光，一句一字都是智慧與慈愛。祂們只會使用愛的語言，所以，只要盡力忠於原著，通常轉譯出來的，都會是慈悲的智慧。**

不過，因為通靈的時候，必須透過我們的小我來轉譯。有的時候，修行功夫還不到家，我坦白承認，自己也還需要再努力修行，就因為還有進步的空間，我們會不小心陷入與客戶的「小我之爭」，也就是所謂的「對錯之戰」、「真理之爭」。正因為如此，我還是從人的角度，也來提醒你，**注意分辨自己呈現在客戶眼前的，是否為慈悲的能量。**

自我檢驗標準如下：

1. **耐心傾聽客戶的問題，以同理心去感受他的困惑。**
2. **不批判客戶的問題，或身處的狀態及階段。**
3. **不和客戶爭對錯、不說服、不改變客戶的信念。**
4. **柔軟的語言，輕柔的語調、緩和的說話速度。**
5. **從服務的角度出發，希望對方因此變得更好。**
6. **尊重對方的選擇，以及靈魂學習的課題及進度。**

事先替客戶問沒想到的問題？

我們在前面，一直提醒你，客戶之所以來找你和指導靈溝通，大多是為了生活中困擾不堪的問題，而他們顯露出來的能量，不是慌張失措，就是恐懼不安。你一定也有過相同的情緒，也一定能明白，在這個時候，人腦根本無法專心思考，也很容易忘東忘西的。因此，要是你能事先替客戶問出他想知道、但是當下沒想到的問題，他們不但會覺得你很貼心、很溫暖，更會覺得你的服務很棒，甚至，還會以為你「料事如神」、「神通廣大」呢！

怎麼做，才能事先替客戶問出他想知道、但是當下沒想到的問題？答案，很簡單！**指導靈們，其實都會清楚指示客戶該注意的、沒想到的問題，**只是，通靈人的頻道沒有完全打開，因為，太專注在回答客戶問出的問題，而忽略了老大們其他的貼心提示。

請記得，充分展現「同理心」，設身處地為客戶想一下，問問自己：「如果我是他，我還想知道些什麼？」另外，老大要是給的是一個抽象的概念，你可以請祂用白話文解釋。還有，你可以問老大落實這個概念的操作方法。

好，給你舉個例子囉！以下是我、女性客戶、指導靈的三方通話：

客戶：「請問，我要怎麼做，才能找到我的真命天子？」

指導靈給我的訊息是：「妳要先好好愛自己。」

有很多客戶一聽到「愛自己」，就可能不再問下去。那麼，我會主動在心裡問指導靈：「是不是可以請指導靈建議她，怎麼開始愛自己呢？」

指導靈：「先療癒媽媽讓她覺得：女孩子不像男孩子一樣重要的傷口。」

我轉譯給客戶：「我剛才主動幫妳問指導靈，妳可以怎麼開始愛自己？祂回答說，要妳先療癒媽媽讓妳覺得『女孩不如男孩一樣重要的傷口』。妳可以想想看，媽媽是不是有『重男輕女』的觀念？」

「嗯！」刺到痛處的客戶，突然哭了起來：「可是我不懂，這個跟我未來的感情有什麼關係？」

指導靈耐心地解釋：「如果，妳從小就覺得自己是個女孩子，不夠重要，是不是就覺得，自己不值得媽媽愛？那麼妳尋找的對象，很有可能，也讓妳覺得自己不重要、不值得愛！如果，妳能徹底療癒了這個傷口，學會自己真正的價值，真命天子出現的時候，妳才知道要怎麼接受，這份反映出妳真正價值的愛啊！」

這時候，客戶多半聽得頭重腳輕，因為，訊息聽起來太有道理，她也能充分感受到指導靈的大愛和智慧，但是，卻往往忘了問操作、執行的方法。所以，我也會貼心地幫客戶問：「可以請指導靈建議她，怎麼開始療癒這個傷口？有什麼，是她現在就可以開始做的？」

指導靈顯然很愛回答這個問題，因為，跟成長、學習、進化有關：「先承認，自己過去，的確覺得自己不夠重要、不值得被愛，然後，接受妳心裡那個小女孩所有的情緒，允許她哭泣，允許她不乖，另外，請給她一張許可證，讓她勇敢地說出心裡真正想要的，是什麼樣的愛？希望怎麼被對待？然後，等妳準備好了，再原諒妳的母親，了解她是來幫助妳成長的，不是故意要來傷害妳的。」

然後，我跳出來提醒客戶：「妳要不要把這些概念和方法記下來？這樣通靈課上完之後，才記得怎麼行動！」

大概在課程最後五分鐘的時候，我會再問客戶：「還有問題要問嗎？」

客戶想了一想：「都差不多了！」

我會主動提供客戶，最後一個諮詢老大機會：「在我出來之前，我再問一下指導靈，還有什麼是要提醒妳的，好嗎？」

「嗯！」

指導靈滿心歡喜地說：「妳做得很好，有勇氣、有智慧來問這些問題，表示妳夠堅強了，妳會做得很棒的！」

每堂通靈課程，不管時間長短，都可能是一個療癒的機會。就以上的例子來看，女性客戶記得問的問題，真的很少、也很窄。我基於同理心和過來人的經驗，主動地——或說，雞婆地幫她預先問了不少細節：概念的轉譯、療癒的方向、操行的方法，甚至，最後在她離開前，無比溫馨的「愛的鼓勵」。你不妨想像看看，如果你是當事人，會有什麼感覺？是不是在收聽轉譯訊息的那一瞬間，就得到了某些釋放，以及初步的自我療癒？

如何強化訊息的精細度？

記得嗎？在初、中級班階段，我就不斷鼓勵你：「儘管『盧』你家、或你夥伴的老大，給它用力『問下去』。除此之外，還有嗎？還有其他不同的層次嗎？」因此在這裡，還是要提醒你一次，**強化訊息精細度最簡單的方法，就是不斷追問、深入地問、問到天荒地老、問到流血流汗**。在這裡，我將前面幾題、甚至前面兩個階段裡，所提到及整理出來的精華，再加上新的重點，提供**強化精細程度的十大建議方向**：

1. 基於服務客戶自我療癒、靈性成長的態度，來問問題。可以在心裡默默跟指導靈說：「我願意成為宇宙行光的管道，請把我當作光的管道，告訴我能夠幫助客戶靈性成長、自我療癒的所有細節。」

2. 充分發揮同理心、慈悲心，假想你自己就是當事人，會想問什麼深入問題。
3. 要是得到概念性的回覆，就追問執行方法。
4. 如果得到概括的答案，記得再追問細節。
5. 假設碰到不懂的，就請指導靈換個你們都懂的方式，再詳細說一遍。
6. 可以再多說一點嗎？還可以再仔細一點嗎？
7. 還有什麼，是可以幫助他成長的？
8. 在本書之後，高級班的各個主題，像是「脈輪」、「前世」、「能量」，都可以當作發問的大方向。比如說：他這個問題，跟哪個脈輪有關？要注意的功課是什麼？或者，這跟前世的記憶有關嗎？有什麼模式？可以怎麼突破？
9. 花點錢、花點時間，去多聽聽、多看看、多參考別的通靈人，是如何上課的？當然，在「指導靈麻吉團」的固定聚會裡，也會請來有經驗的老師來示範囉！請多多利用。
10. 在離開通靈的空間以前，還有什麼最後的提醒？

如何將通靈頻道大開？

1. **深度療癒：當情緒的主人**

「療癒，是記得我們原本的模樣！」我們原來的樣子，就是靈魂，而療癒，就是回歸靈魂本來的面貌——愛和光。記得嗎?通靈,是靈性成長、自我療癒的一項重要工具。我們之所以一遍又一遍地輪迴,來到地球透過肉身來學習,就是要學會超越肉身限制,創造我們所想要的人生,並且療癒種種小我所執著的痛苦,回歸靈魂愛和慈悲的本質。

從能量的角度來講:**療癒,等於釋放沉重的負面能量,讓自己的能量場變輕盈,更能和高次元老大們的能量共振。從了解自己的層次來看,療癒,就是學會情緒要教我們的功課,成為情緒的主人,不再受它們的控制。**這個經驗,是你通靈轉譯訊息時的超強法寶,能協助你充分展現同理心、慈悲心。

2. 天天溝通:保持喜悅自在

勤加練習,每天至少花二十分鐘打坐、靜心,或冥想。記得,你的心越靜,能量場就越穩定,情緒體也就越透明,這些都能幫助你頻道大開。在這裡,透露一個祕密,一個好的職業通靈人,只需要換三口氣,就能連結各方老大的能量。當然,這背後所反映的,絕對是持續性的練習,恆常性的靜心。不管是練習通靈,或進入打坐,都能幫助你保持喜悅自在,靈、心、身平衡。另外,科學也已經證實,打坐、冥想、靜心,對人類的進化及療癒,也有神奇的助益。因此,何樂不為呢?

3. 持續相信:即便碰到挫折

相信我,這條靈性成長之路——或者,行光助人之路,你一定會碰到挫折。當遇到重大考驗之時,我們常常會將指導靈當作占卜師或算命仙,這很正常,人嘛!都有這樣的弱點。而指導靈並不是算命仙，也不會替你預測未來，所以，當你在慌亂之中得到的提示——通常，都不會是老大的高智慧，當這些像在汪洋大海緊緊抓著的浮木，沒有成為所謂的現實，你很自然地，會開始懷疑：「這一切，都是個騙局吧！」

沒關係，接受自己這個想法，好好愛這個想法。等你平靜之後，相信我，也相信你自己，你會再度感受到「指導靈一直都在」的溫暖事實！給你一個小小的建議：回頭去看看，你學習通靈一路走來的歷史，也許翻翻過去的筆記，也許和你的夥伴談談，甚至，回頭翻出，你們之前自己記錄下來的學習困難，和指導靈曾經給過你們的建議，這些，都是你一步一腳印走出來的痕跡，也是你們無可否認的通靈成果，不是嗎？

4. 靈性成長：學習多加些人味

請千萬記得，在追求靈性成長的同時，再多一些——人味！我們是在人身中學習的，不是嗎？**靈性成長，是從人身回歸靈性，以靈魂的視野，享受人類的樂趣——品嚐美食、擁抱親吻、發揮創意、創造豐盛。**靈性成長，不是捨棄七情六慾，更不是逃避愛恨嗔癡，而是真真切切擁抱這血肉之軀所帶來的一切，勇敢超越它，然後再一次，將它轉化成愛與光的美麗記憶！

很多人把「靈性成長」，當作逃避面對生活問題的管道，偏頗地認為：「我的目標，就是學會各種很『靈性』的工具。」並且，認為這就是靈性成長。這些人一直往靈魂、玄學、神祕學的方向去發展，卻忘記了，我們是在肉身裡學習的。於是，他們忘了傾聽自己的身體，也不願觀照自己的情緒。

對於身體的症狀或疾病，他們一心追求靈療或能量工具，希望能夠找到那瓶「神奇的藥水」，只要一口喝下去，就百病全消。對於情緒的習慣或模式，他們也一直在尋找，下一個更神奇的靈性工具，希望有人對他灑灑符水、轉轉靈擺，他的情緒問題，就頓時無影無蹤。

請你永遠記得一句話：「如果，真的有那麼一瓶藥水，那神奇的靈性工具也真的存在，你仔細想想，那瓶藥水和靈性工具，不會列入金氏世界紀錄嗎？全台灣這麼瘋狂競爭的媒體，美國有線電視新聞網CNN，不會特別擴大報導，搶著做頭條嗎？」

所以啊！即便我此時此刻，正在教各位通靈，企圖一起解開靈魂、生命的密碼，還是要大聲呼籲：在追求靈性成長的同時，學著多加一些人味！因為，這是我們來肉身裡學習的根本目的。如果，你認為自己在學習通靈，或者其他靈性工具，就痛恨自己的肉身，巴不得自己今天就死掉，明天立即回歸靈魂的樣子。這是一個錯誤的概念，也是一個註定失望的期待。

我和你之所以選擇進入肉身來學習，不單單是來受苦，也還有很多樂趣可以享受的。譬如說，靈魂因為沒有肉身，沒辦法擁抱、沒辦法親吻，也無法品嚐美食。麥克・紐頓博士在《靈魂的旅程》書中證實，是我們靈魂自己的選擇，把地球當作靈魂學習的學校，不斷輪迴而來的，這些都是——我們自己要來的，沒有任何人在後面逼著我們。物質界雖然能量很厚重，有我們討厭得不得了的負面情緒，但是，也有靈魂無法享受的有趣事物啊！

總而言之，來到肉身裡頭學習，是一件很幸福、美好的事。一心要回歸靈魂的本質的你，努力追求靈性提昇，或讓意識甦醒，這不代表你要毀滅肉身。所以啊！即使我一直鼓勵你，將能量變得更輕盈，也不是要你明天就把手腳給剁了！我曾經開玩笑跟學生講：「靈性成長，不是要你頓空世俗、看破紅塵，那不然，你出家就好了啊！」想想，難道不是這樣嗎？

真理是，當你將肉身顧好了，不就趨向靈魂來肉身的學習目的？當你將肉身才有的情緒看透了，不就等於靈性成長大幅進步？想通了這點，你也就能明白，為什麼在靈性成長的同時，修習多一些人味，能幫助你通靈頻道大開囉！

如何確定通靈結果是準確的？

說實在話，你真的沒有辦法確定，通靈的結果是完完全全準確的。記得嗎？我的老師馬修也在每次通靈的時候，擔心自己會犯錯。**你可以藉由身體的反應，藉由提高自己能量振動頻率，以及不斷累積通靈經驗，來確定自己是不是在通靈狀態當中，來接收、轉譯、傳遞訊息。**然而，要確定自己的訊息，是否百分之百正確，除非你將小我完全給除去，否則，真的不太可能囉！（小我，要真的完全除去了，我們也無法在肉身中通靈。）

因此，即便想到你失望的表情，我也很心疼、不捨，還是要誠實跟你坦白：「很抱歉！不太可能。」真的不太可能，即便你來到了高級班，也已經準備要當職業通靈人了，也一樣囉！

不過，在高級班這個階段，我可以再提供一個很棒的方法，讓你可以再從另一個不同的角度，來確認你是不是在通靈的狀態裡。

還記得嗎，你可以利用紫水晶，來幫助你打開通靈的頻道，增加訊息的流量？在某一個時期，我也試著在和老大們溝通的時候，左手握著紫水晶，我發現，在轉譯及傳遞訊息的時候，我的右手會不自由自主，去轉紫水晶的底部。後來，我參加老師舉辦的「通靈大會串」，也就是所有通靈人聚在一起，交叉練習、精進功夫的一個聚會，我的夥伴在通靈時，說話速度好快、好急，甚至，比平常說話的速度還要快。這和我之前自己練習時，為了確認訊息的確來自高次元，傳送訊息的速度極為和緩比起來，真的是天壤之別。

練習結束之後，老師在最後講評的時候指出：「有很多人以為，通靈的時候，說話速度都很慢，其實，**要是你訊息的傳送十分流暢，表示你的小我比較沒有機會插進來攪局，訊息品質更好，參考價值更高。**」由此可知，假設你和我一樣，通靈的時候，忍不住一直轉動水晶底部，或是，有其他不由自主的重複動作，像是雙手在空中揮舞等等，就表示，小我跳進來影響通靈品質的機會，大幅地降低了。

所以囉，請仔細注意一下，你有什麼情不自禁的小動作吧！當這些小動作出現了，就更能確定，你傳送訊息的品質，是可以用力按讚、出國比賽的囉！

客戶否認通靈訊息，怎麼辦？

當我們所相信的真理，受到當面質疑的時候，我們本能的反應，就是反駁、解釋、爭論。不管我們所使用的工具，是不是語言。有的時候，嘴巴忍住不開口說話，能量卻深深受到了影響。

在你通靈的時候，要是受到這個能量的影響，頻道很可能就緊縮起來，再也收不到高振動頻率的訊息。因此，請你務必記得，要維持住高振頻的能量。至於方法，你也非常熟悉了，是吧？

確定提高自己能量振動頻率是高的以後，你可以再請指導靈用其他的方式、說法、概念、比喻、圖像等等，再說明一次客戶所否認的訊息。記得，千萬不要被對方的能量牽動，而讓以為受到否定、甚至攻擊的小我活躍起來，進而和對方爭辯起來，形成一場小我之爭。記得，你的工作是客觀地傳送訊息，不是和對方爭論誰對誰錯，也不是說服對方信服你所相信的真理。

除了溫婉、禮貌地告訴他：「我替你再三確認過了，指導靈的確是這麼說的。請你將這個訊息，先放在心裡，也許過了一陣子之後，你會明白指導靈為什麼會這麼說。我只是把我收到的，忠於原著轉告給你知道。」

避免大忌諱：請記得不要說，這是對方的抗性，更不要暗示或明示，這是對方自我否認！這只會讓情況變得更糟糕。

貼心小偏方：你可以在開始轉譯、傳送訊息之前，誠心建議對方：「通常，指導靈給的訊息都不少，聽過一次之後，真的很容易就忘記。建議你，可以用筆記下重點，或是，把祂的訊息錄音下來！你可以事後複習，提醒自己囉！」

如果，你知道他在記筆記，你可以三不五時提醒他：「要我說慢一點嗎？」或是：「要我等你一下嗎？」

如何挑戰指導靈的極限？

經常和你家老大混熟的好處是，你可以使壞、耍賴、犯規，並且，用力問禁忌問題。所謂禁忌問題，就是在初級和中級的階段，我們建議你，最好不要問的問題——像是會問算命仙的問題。就算問了，也不會有答案。不然，就是得到玄奧詭奇、不著邊際的答覆。而使壞、耍賴、犯規，就是要你完全丟掉，之前所給你的「遊戲規則」，**勇敢挑戰指導靈的極限，問任何你想問的問題。**反正，指導靈不能或不願回答的問題，我們也得不到答案。不問，絕對不可能知道；問了，還有機會。

說到這裡，來分享兩個發生在我身上的故事。

故事一：

剛開始拜師學通靈的階段，我認識了一位好朋友蕾貝卡（簡稱R）。我們相談甚歡、一見如故。於是，我們每週設定一次聚會，彼此交換靈性成長的心得，或是，切磋對能量感應的經驗及知識。

有一天下午，我們約在R家裡聚會。進入客廳以後，我們很快寒喧問暖，R就要我坐在地板上，眼睛閃著神祕的光輝，語氣透露著微微的興奮：「我最近這幾週，都在你的氣場裡，看到粉紅色的光暈，感覺起來，你下一位情人，就快出現了。」

我的雙瞳很快點亮，迫不及待地問：「你還看到了什麼？」

「你等我一下，我先進去通靈的空間裡。」換了幾口氣之後，R緩慢地說：「我可以大概看到這個人的長相：皮膚黝黑，深色的眼珠和頭髮，可能有歐洲南方人的血統，像是義大利、西班牙。不過感覺起來，他很悲傷、很沉慟，好像還在哀悼失去親人的傷痛。另外，我還看到一輛自行車，這個人老是騎著單車，在市區的大街小巷自由穿梭。」

我雖然半信半疑，還是忍不住開口，追問去算命時會問的問題：「他什麼時候會出現呢？」

R眼睛閉起來，沉吟了一會兒：「大概在六個月以後吧！」

「真好玩！」我像小孩一樣，雙手鼓掌。

「請你不要太在意我看到的，也許他的長相，跟我看到的不太一樣。不過，真的感覺得出來，你快要談戀愛了。而且這個人，大概是長期的戀人喔！」

六個月以後，這個通靈的結果，一一得到印證。我遇到了我的雙生火焰Ageana，長相、血統、單車、悲傷、哀悼，有如預言得到印證般地精準。唯一和預言有出入的是，我們只交往了短短三個月，就因為我搬回加拿大而分開。我們不是長期的戀人，至少目前不是。

故事二：

醫生宣布無救的嚴重中風，在指導靈的引導之下，變成起死回生的奇蹟？這可能嗎？

那年三月初，NET現場節目才做完，當時的通靈老師Vanessa（簡稱V）就邀請潔安和我，留在Skype上，一起為通靈高級班畢業生Annie（簡稱A）行光。不久之前，A的媽媽，才因為腦中風住了院，情況很不樂觀，可能隨時都會離開人世。二話不說，我們三個人立即進入專長領域，各自連結光的訊息，同時，也使用慈悲手調整能量。我順手翻閱了《創造生命的奇蹟》（*You Can Heal Your Life*），發現中風的情緒起因，可能是：放棄（指放棄生命）、抗拒、寧死也不願改變、被生命拒絕。

過沒多久，潔安帶回光的訊息：「這是一個家庭的問題，應該是家人之間，在生前簽好了約定，要在今生化解一些業力的設計。」

我也將指導靈的訊息傳送來：「我也收到類似的訊息，感覺起來，媽媽感到很累、很累，很想要化解一些恩怨。A有位妹妹，似乎和她媽媽有很深、很深的怨恨，一直不肯放掉這心頭之恨，也不願意打開心結。如果想要處理這個問題，就要請妹妹在媽媽耳邊說，願意放掉心中的怨恨，也願意不計前嫌，真心原諒媽媽。」

V接著說：「我這裡收到的訊息，也大概是這樣。另外，我還順便用慈悲手，將媽媽左邊大腦的能量，好好調整了一下。」

過了幾天，我問V媽媽狀況如何，得知妹妹不但不願意和媽媽化解心結，還斥責A說：「這根本就是迷信、無稽之談！」聽到妹妹的反應是這樣，我們也無法多做什麼，就請V轉告A，請她記得多送光給媽媽。我們也會在打坐的時候，送光給她媽媽和她一家人。

兩天過去了，A那兒傳來最新消息，說媽媽病情好轉了一些，手腳已經有了活動跡象。

隔天，V在網上碰到我，忍不住用極為興奮的語氣宣布：「A媽媽的病情穩定下來了，已經轉到一般的休養院了！」

「太棒了！她妹妹是怎麼改變主意的？」雖然對結果感到萬分驚訝，直覺上，我還直接往指導靈之前所指引的方向去，相信是妹妹做了什麼，才導致這個最新的變化，完全不覺得，那單純是病理上的轉變。

「上星期，醫生對她們一家人說，要有心理準備，媽媽可能撐不久了。妹妹聽了這個消息以後，終於改變初衷，對媽媽說出指導靈建議的那一番話，表示願意和解、打開心結，並且，釋放心中的怨恨。沒多久，媽媽就從醫生宣判沒救的昏迷不醒，病情奇蹟似地好轉起來，不但恢復了生氣，還可以轉出急診室了！」

「哇！怨恨的力量真的很強大，」我極為感嘆地說：「當然，釋放掉了以後，就變成愛了。」

V的語氣充滿了溫暖聖潔的光：「愛的力量，更強大！！」

「也幸虧A一家人，願意接受指導靈的指示，付諸行動。現在，他們終於能夠打開心結，好好開始自我療癒了！」我的心因此柔軟了三分。

「是啊！真令人感動！」V喜悅之情溢於言表：「這對妹妹來說，應該也是個啟發吧！」

「我們三個人，能夠參與創造這個奇蹟，真是開心又感動！」話鋒一轉，我索性讓內心小孩出來玩耍，逗趣地說：「我看A一家人啊，可能會把我們當『神』來看待啊！」

V也十分配合：「很有可能呢！」

這真是一個美好的經驗！身為光行者的V、潔安和我，一起將光的訊息傳送回來，同時使用慈悲手調整能量，再加上持續送愛和光，和A一家人創造了療癒的奇蹟！

那天，我在部落格上，除了分享這個故事，還加上了這樣的註解——

醫生宣布無救的嚴重中風，在指導靈的溫柔智慧的引導之下，最後變成起死回生的奇蹟！這種事可能發生，還有什麼事，不可能發生的呢？而A一家人，能創造出奇蹟，還有誰不能呢？

以上兩個故事，都是挑戰指導靈極限的做法。

故事一：

在我的央求之下，R不但請指導靈預測未來，還將未來預測得十分精準。就連六個月以後，我會和Ageana相逢，也都通靈預測出來了。如果，當初我們沒有使壞、耍賴、犯規，將老師那兒學來的原則，用力拋諸腦後，問了「最好不要問」的問題，我們也不會有這個美妙的經驗囉！

故事二：

雖然，不是要求指導靈預測未來，我們三個人問的問題，也都圍繞在「自我療癒」及「靈性成長」之上，那麼，到底犯了什麼規呢？我們雞婆地、在沒有當事人開口要求的情形之下，基於慈悲心，自願幫A一家人通靈。原則是：在沒有當事人的同意之下，「最好不要」私自連結人家的老大囉！

連不到客戶想連的指導靈，怎麼辦？

有些來找你通靈的客戶，自己試著連結上他們的指導靈，而且，還是像「大天使麥可」或「耶穌」、「歐林」的著名高靈，可是他們不敢確定，甚至，在找上你之前，已經找過其他通靈人問過，也得到肯定的答案。

如果他們問你：「請問，我的指導靈是耶穌嗎？」而你連上的不是耶穌，那怎麼辦才好呢？

我就碰到這個窘境。

當時，我再三確認的結果，是其他的靈體，不是耶穌。堅持忠於原著的我，斗膽回答了，我所感應到的真實答案。這引起對方極大的不悅，甚至，接下來要問什麼問題，也全亂了手腳。事發以後，我問我的通靈老師赫里斯．波克，該怎麼處理這個狀況，她想也不想，就建議我可以這麼說：「很抱歉，今天我連到的，是你其他的指導靈，耶穌今天沒出現。」

建議練習

第一回合：

1. 請至少約一位「指導靈麻吉團」的夥伴，面對面坐著，或是透過電話、Skype等語音軟體來進行。（有沒有發現，「指導靈麻吉團」的夥伴真好用？而這個團隊練習的點子，超讚、超實用？有沒有很慶幸，你堅持下來了？快給自己和你死忠的夥伴，一連串熱情的掌聲，或狠狠的擁抱。）
2. 彼此幫助對方連結他家老大，讓他來問一些問題。問題，可以是生活上所碰到的疑難雜症，任何問題都可，所有問題都行。
3. 請依照之前熟到都快爛了的練習經驗，進入通靈的空間或狀態，連結到對方的指導靈。不妨試試看，在換三口氣之後，和老大連上線。
4. 問問題的人，請盡量扮演「惡客」，盡情「使壞、耍賴、犯規」，磨練正在通靈的夥伴，協助他琢磨訊息的穩定、精細、流暢程度。請你務必深入各個層面，詢問所有問題。反正你就假裝，是花了大錢來問問題的，少問了，錢就虧大了。你甚至可以問有關算命的問題：「什麼時候會發生？在哪裡出現？透過什麼方法達成？」
5. 要是扮演客戶的夥伴，對傳送而來的訊息沒有共鳴，或不以為然，請坦白、直接告訴扮演通靈人的同學。你也可以「故意」不在語氣、或言詞上修飾，也就是說，有點「惡客得理不饒人」的味道。請你們記住：這是職業通靈的實戰經驗，也是訓練通靈人看好小我，確定自己永遠處在「高振頻空間」，傳送的永遠都是愛和光的最好方法。當然，也非常具有挑戰性！

6. 請至少練習十分鐘。

中場休息：

交換心得，請「客主雙方」，分別對「轉譯」及「聽取」訊息，發表心得及感想。通靈人請記錄下來：接收及轉譯時所碰到的困難。客戶請記錄下來：通靈人訊息的品質、速度，以及傳送訊息的語氣、態度、能量等等。可以先說表現好的部分，再建議可以改進的地方。

第二回合：

客主交換，重複第一回合的六個步驟。

中場休息：

立場對調，重複上次中場休息的操作方法。

第三回合：

「通靈馬拉松」。

這個部分，可以改天再約時間練習。因為，要強烈建議你們，至少約到三位夥伴，也就是說，除了你以外，再至少約兩位來共同練習。越多人，越好玩！

請重複第一回合的六個步驟。唯一不同的地方是，只由一人當客戶，其餘的夥伴同時替客戶通靈。建議各位，採取接龍的方式來傳送訊息。

舉個例子來說：假設你們共有A、B、C三個人一起練習。

先由A當客戶問問題，B和C同時進入通靈空間。假設，B先有訊息了，就立刻開口告訴A。這個時候，C可能還在進入通靈空間，或還在確定接收的訊息。當然，C就得忍受A和B的對話聲音，想辦法讓自己保持在通靈狀態當中，繼續努力接收訊息。等B說完了，C就開口傳送訊息給A知道。這一次，換成B得經歷相同的考驗，忍受當下的對話聲，專心接收更多的訊息。當然，在對話之中，客戶是可以再問更多、更深入的問題的。而新的問題一旦問出來，B和C，都得再進一步詢問指導靈的指示，然後，忠於原著轉譯出來囉！

請至少練習二十分鐘。

「通靈馬拉松」，很刺激、也很好玩。請你們放手去玩吧！

中場休息：

請重複上面中場休息的內容。

第四回合，中場休息，或其他回合，中場休息。

輪流換手，重複「通靈馬拉松」、中場休息的步驟。

專業通靈人不想讓你知道的事—通靈示範腳本

等客戶出現後，不管是面對面，或是在Skype、電話上……

以下「通」代表通靈人，「客」則是客戶。

通：（面帶微笑，語氣溫柔、緩慢，心中充滿愛）請問你，我可以幫你什麼呢？

客：我有些問題，想要問指導靈。

通：你可以告訴我，想要我幫你問指導靈什麼問題？（接著，抱著同理心，認真傾聽，不批判，也不評論）

客：我想問，我什麼時候才能發財？我今年四十歲了，工作非常不順利。這些年來，我欠了一屁股卡債，每天都擔心，付不出信用卡帳款。我覺得，我的人生失去了希望，每天都昏天暗地的。我的女朋友，也因此離開我了，就連我家的小狗，都不太理我。我在來找你的路上，不但踩到香蕉皮，跌了個狗吃屎（站起身來，展現鞋底的狗屎），好不容易爬起來之後，又被一個小鬼脫了褲子，連內褲都被拖掉，剛好我的偶像林志玲從旁邊經過，我本來是希望能夠和她交往的，現在，她看到了我的衰樣，唉！我，是沒希望了……

通：（面對低振頻能量，維持高振頻，充滿慈悲）我能了解你的辛苦。來，我們先來轉換一下能量，讓你低落的心情變得好一點，好嗎？

客：好，這個部分，要算錢嗎？

通：你放心，不會另外收你錢的。（帶著他清洗能量呼吸、引光接地）來，你可以把眼睛輕輕閉起來，我們先來調整一下呼吸。來，跟著我一起做。

首先，請你用鼻子深深地吸一口氣……再把氣完全吐出來，「哈」一聲，全部都吐出來……（帶他做清洗能量呼吸，五個回合）

好，現在想像一下，你從天空召喚過來一道光，這道光非常明亮、溫暖，看起來不刺眼，也很舒服。用你的想像力，讓這道光通過你的頭頂、後腦勺，跟頸背，也就是你的頻道。記得這裡一直保持打開，然後，再讓這道光通過你的額頭、眉毛、眼睛，幫助你放鬆眼睛四周的肌肉跟眼球。然後，再讓光來到你的鼻子，通過你的雙頰，你可以把嘴巴輕輕張開一點點，這可以幫助你放鬆身體。然後，再讓這道光往下來到你的嘴唇，通過你的脖子跟喉嚨，再往下穿越你的肩膀、手臂、手掌、你的胸膛、上背部、腹部、臀部、骨盆。然後，再讓這道光通過你的大腿、膝蓋、小腿，再從腳底板發射出去，照亮地球的中心。這個動作叫做「引光接地」，也就是說，你把光從宇宙引進身體，貫穿全身，再從腳底板發射出去，接到地球的中心。這一個動作，可以幫助你穩定能量，讓你牢牢地固定在地板上。好，現在這道光已經貫穿你的全身，往上連結宇宙，往下接連地球。

然後，請你繼續保持放鬆，再說一次，問你想問的問題。

客：我想知道，我什麼時候才能發大財。

通：（雖然心裡知道，這個問問題的方向不佳，也別點出來。自行在心裡問指導靈：「請問他要如何努力，才能創造豐盛？」）

我立刻看到指導靈很溫暖地笑著，同時，拍拍你的肩膀，說：「這些年，辛苦你了！」

客：（放聲大哭）

通：你可以盡情把情緒釋放出來，這樣是好的，我可以等你。慢慢來。（待客平靜下來後）你要不要把指導靈的建議，用筆記下來。

客：可以錄音嗎？

通：（誠心鼓勵的語氣）那更好！看樣子，你是有備而來，表示你已經準備好囉！指導靈建議你，先將金錢的傷口療癒了，那麼，要創造財富，就會變得容易很多。

客：什麼意思啊？我剛才跌倒的時候，口袋裡沒有錢啦！沒有金錢傷口啊！

通：你可以回想看看，小時候，父母對金錢的態度是什麼？感覺起來，媽媽對於你用錢，是看得很緊的。她是不是常常跟你講，你要是亂花錢，家裡就沒辦法供你唸大學，不能唸大學，你就一輩子「撿角」。

客：我不記得耶。我媽一直都很有錢啊！

通：我再幫你確認一下，指導靈的確是這個意思。嗯，還是一樣的訊息。指導靈會這麼說，通常有祂的道理。你可以先記下來，也許，過了一陣子之後，你就會明白為什麼。指導靈說的這個傷口，是你很小的時候造成的，也許你現在記不得了。沒關係，慢慢來囉！等時機到了，你一定會想起來的。

客：那我什麼時候會發財呢？

通：等你先釋放這些關於金錢的負面情緒之後，你就會吸引很多機會，引導你去做又有熱情、又有興趣的事業，那麼創造豐盛，就指日可待囉！換句話說，你越快釋放這些傷痛，你就越快發財。

我剛才主動先幫你問，你可以怎麼做，來釋放這些傷痛？祂說，你可以拿出一張紙、一支筆，從你欠了卡債壓力很大開始，誠實寫出你的心情來。然後，再回想上一次你為了錢煩惱，是什麼時候、什麼事件，誰說了什麼、做了什麼，你的心情又是如何。之後，再回想起更早的時候，相同或類似的事件，把它們全部都寫下來。你可以一路回想到童年，凡是跟錢有關的負面事件，都把它們寫出來。請你把焦點放在你的心情上面，這樣，可以幫助你釋放負面情緒。負面情緒都釋放了，頭腦才會比較清楚，也才知道你真正想要創造出來的，是什麼樣的人生。

這個練習，你可以持續做至少兩個星期。在這個過程之中，如果還有新發生的事件，讓你有負面情緒的，都可以寫出來。一陣子之後，你不但心情會慢慢好起來，還可以從這個紀錄當中，找到自己有關金錢的固定模式，或是，需要療癒的傷口。

你要不要我再說一次？聽得清楚嗎？

客：我有錄音，我事後再多聽幾次好了。

通：你果然是個做事情很認真的人。

客：你人好好喔！

通：這是你指導靈的愛和光，祂們都很慈悲，也一直都在你身邊，只要你願意開口，祂們都會幫你的。要不要我幫你問一下，卡債怎麼辦呢？

客：對厚，我差點就忘了。

通：你等我一下，我問問。

有兩種作法：一，打電話給銀行，跟他們債務協商。試試看，可以在打電話之前，請指導靈幫忙。二，將焦點調一下，不要天天想如何還清債務，而想要如何創造財務自由。視野變了，方法自然會出現。不過，祂還是要建議你，先把過去與金錢有關的傷口給療癒了，才是最根本的解決之道。

客：好，我知道了。我會試試看。真的很謝謝你，也謝謝指導靈。

通：我們還有幾分鐘，我來問問你家老大，看還有什麼要提醒你的，好嗎？

客：好好好！

通：祂要叮嚀你，像林志玲這樣的美女，世界上多的是，你會找到心愛的伴侶的，只要你願意將焦點，放在你生活中已經擁有的，比如說，你還能呼吸、有指導靈的照顧、有地方可以住，那麼，你就會吸引更多、更美好的人事物來，包括你完美的情人喔！加油，神力，就在你手中！

☑ 重點複習

◎可以協助通靈的水晶

名稱	對應的脈輪	功能
紫水晶	三眼輪和頂輪	可以提高這兩個脈輪的能量振動，幫助我們打開通靈的頻道。
粉晶	心輪	有助於提高這兒的振動頻率，幫助我們讓心輪保持敞開，傳送愛的能量。

方法
如果你是右撇子，也就是主要用右手寫字，那麼，你的左手，就負責「接收」能量；你的右手，則幫你「輸出」能量。如果，你是左撇子，那麼，就左右相反。

說明
接收能量那隻手，可以握著紫水晶，幫助你接收更多、更細緻的訊息。至於，輸出能量那隻手，就握著粉水晶，目的是，幫你提高輸出訊息中愛的能量。

◎如何轉化客戶能量？

方法

1. 用大量清水，沖洗雙手，尤其是手肘以下的部分，沖掉不想要的能量。
2. 將窗戶打開，讓室內通通風，能快速轉換能量。
3. 點蠟燭，燃燒不要的能量。
4. 焚一支香，轉換能量。
5. 點薰衣草或檸檬精油，也可幫助轉換能量。
6. 燃燒鼠尾草，拿著它在房間四處燻燒。
7. 打坐、冥想、靜心五分鐘，想像你的心輪放大到整個房間。

◎如何設定高振頻通靈空間？

程序	
客戶出現之前	1. 清洗能量的呼吸法，做五個回合，再加上吟唱宇宙能量振動的聲音OM，也唱個五到十次。 2. 利用五到十分鐘的時間，打坐、靜心、冥想，提高自己的振動頻率，將通靈頻道自然打開，順利進入通靈的空間。 3. 送光給客戶及該通靈的課程，想像那堂課充滿宇宙聖潔的光、慈悲的愛。

客戶到達以後
1. 請客戶跟著你進行清洗能量的呼吸法，做五個回合。你也可以「選擇性地」帶著他，吟唱宇宙能量振動的聲音OM，吟唱三到五次。 2. 引導你的客戶「引光接地」，也就是以話語來帶著他靜下心來。

◎如何在通靈時，展現慈悲心？

原則
1. 耐心傾聽客戶的問題，以同理心去感受他的困惑。 2. 不批判客戶的問題，或身處的狀態及階段。 3. 不和客戶爭對錯、不說服、不改變客戶的信念。 4. 柔軟的語言，輕柔的語調、緩和的說話速度。 5. 從服務的角度出發，希望對方因此變得更好。 6. 尊重對方的選擇，以及靈魂學習的課題及進度。

◎如何強化訊息的精細度？

方法	方向
不斷追問	1. 基於服務客戶自我療癒、靈性成長的態度，來問問題。 2. 充分發揮同理心、慈悲心。 3. 要是得到概念性的回覆，就追問執行方法。 4. 如果得到概括的答案，記得再追問細節。

方向

5. 假設碰到不懂的，就請指導靈換個方式，再詳細說一遍。
6. 可以再多說一點嗎？還可以再仔細一點嗎？
7. 還有什麼，是可以幫助對方成長的？
8. 高級班的各個主題，像是「脈輪」、「前世」、「能量」，都可以當作發問的大方向。
9. 多聽聽、多看看、多參考別的通靈人，是如何上課的？
10. 還有什麼最後的提醒？

◎如何將通靈頻道大開？

原則

1. 深度療癒：當情緒的主人
2. 天天溝通：保持喜悅自在
3. 持續相信：即便碰到挫折
4. 靈性成長：學習多加些人味

◎如何確定通靈結果是準確的？

原則

你可以藉由身體的反應，藉由提高自己能量振動頻率，以及不斷累積通靈經驗，來確定自己是不是在通靈狀態當中，來接收、轉譯、傳遞訊息。注意是否有重複的小動作。

工具：可以利用紫水晶，來打開通靈的頻道，增加訊息的流量。

◎客戶否認通靈訊息，怎麼辦？

原則

確定自己能量振動頻率是高的以後，你可以再請指導靈用其他的方式、說法、概念、比喻、圖像等等，再說明一次客戶所否認的訊息。

WEEK 6

第六週
如何閱讀脈輪

什麼是脈輪？

「脈輪」這個在新時代資訊中，經常出現的名詞，許多人以為它很玄奇、深奧，其實，它不過是我們身上的能量中心，就像是中醫所說的「穴位」，全身共有兩、三百多個。

也許，因為我們最常透過英文翻譯書籍，來吸收靈性成長的各種資訊，很多人以為，「脈輪」來自西洋文化。事實上，它最先在古老的印度文化中被提及，叫做CHAKRA。為什麼，中文翻譯成「脈輪」呢？因為，它們看起來像轉動的輪子，而且，又連結了脈，所以，就叫它們脈輪囉！值得一提的是，這裡所指的「脈」，分左脈、中脈、右脈，跟中醫奇經八脈中的「脈」，可能不太一樣。不過，意義是差不多的，基本上，就是能量流通的管道，英文叫做Energy Pathways。

什麼是主要的七個脈輪？

一般人談脈輪，指的是七個主要的脈輪。它們，沿著我們身體的軀幹——更精準地說，延著中醫中的任督二脈，由下往上共分為七個，中文普遍翻譯成以下幾個名詞：**海底輪、臍輪、太陽神經叢（太陽輪）、心輪、喉輪、三眼輪、頂輪。**另外，也有人直接用序列來稱呼它們，像是：第一脈輪、第二脈輪、第三脈輪、第四脈輪、第五脈輪、第六脈輪、第七脈輪。

談論脈輪的原則及方向？

一般人在談脈輪的時候，都是由下往上談起，也就是從低位置的脈輪，往上談到高位置的脈輪。這裡的「高」及「低」，指的是位於身體的位置，並沒有高級或低級的意思，當然，也沒有依此區分靈魂功課先後或高低的暗示，更沒有高位置脈輪比低位置脈輪重要的誤導。請記得，**所有的脈輪，不管大小、位置，就像中醫裡所有的穴位和經絡一樣，都是彼此相連、且連結成一整個能量體，也就是——你——靈、心、身的綜合體。**

第一脈輪，對應身體哪些部位？反映哪些身體狀況？透露哪些情緒功課？

好，先介紹第一個脈輪。

對應身體部位：

它位在你脊椎的尾端，包括你的雙腿、雙腳，名字叫做「海底輪」。海底，指的是海洋底部Base，也就是「基礎」的意思。關於海底輪的起點，**有一種說法是：它開始於中醫的「會陰」穴，也就是位於肛門跟生殖器中間點的那個穴位。**

七個主要脈輪的位置，其實是有幾種不同的說法，我會把我所知道的都告訴你。不過，我的瞭解是，不管它們是多麼精確地落在哪個地方，並不會影響你通靈的結果。因為，當你在替別人看脈輪的時候，你或對方的指導靈會大力挺你。詳細的位置，真的不是那麼重要，我說出來，只是讓你參考，所以，不要太拘泥這些位置及原則，好嗎？

反映身體狀況：

海底輪的「勢力範圍」——當然，指的就是對應你身體的器官，包括脊椎的尾端，包括你的雙腿跟雙腳，還有，包括你的直腸。這裡，要特別值得一提的是，它跟你的免疫系統有關。如果，有一個人常常生病、常常感冒的話，可能是免疫系統有問題，那麼，這跟他的第一個脈輪有關係。

海底輪要是能量失衡，生理上會出現一些問題，簡單地講，就是它對應的器官會有的問題。譬如說，這邊有一點點背痲，所以，可能會有下背的疼痛；然後，可能會有直腸的問題，像是直腸癌；也有可能會出現雙腿的問題，像是膝蓋痛啦、腳踝痛啦等等。以脈輪的角度來講，如果，你的脈輪所涵蓋的生理「勢力範圍」出現了症狀，通常，就是那個脈輪的能量，出現了失衡的現象。

透露情緒功課：

好，情緒就很有意思了！**海底輪通常跟家庭、跟團體、跟族群能量有關。所以，來自原生家庭的傷害、內心小孩的負面情緒，都會儲存在這裡。**另外，我們在文化當中所接收的觀念或價值，譬如說，中國文化裡「重男輕女」的觀念，也會深刻地、清楚地記錄在海底輪的能量裡。因此，它跟你的集體意識，跟你的家庭養成教育，或是，原生家庭所帶給你的傷害關係非常密切。

最有趣的是，我們前世的記憶，也和這個脈輪有關聯。為什麼？很簡單嘛！你可以理解，如果，我們前世有些東西，是還沒有學習完畢的，或者說，還需要再深入學習的，就會帶到今生來學習。於是，打從我們今生出生的那一刻開始，也就是從原生家庭裡開始學嘛，對吧？另外，像是社會的倫理道德、法規，都是團體文化所設下的規範，甚至有可能是限制性想法，這些，都直接、而且深深影響海底輪的能量。

第二脈輪，對應身體哪些部位？反映哪些身體狀況？透露哪些情緒功課？

好，**第二脈輪，叫做「臍輪」**。

對應身體部位：

和海底輪一樣，它的起點有幾種不同的說法，我個人比較講的是：**它位在你的肚臍**

眼以下，包括下腹部、骨盆。以身體的背面來講，還包括下背部、脊椎的下段。這裡涵蓋的器官有性器官，也就是生殖器官，而生殖器官，不是只有指男人的陰莖、女人的陰道而已，還包括內生殖器。尤其是女性，包括子宮、卵巢，還有輸卵管等等。**以消化系統來區分的話，還包括大腸。當然，盲腸、膀胱、臀部都在這個「勢力範圍」之內。**

關於臍輪的位置，古早的印度文化有此一說，說它在你丹田的位置，也就是——如果自己把三根手指，放在你的肚臍眼以下，第三根手指的位置，就是第二脈輪所在之處囉！

反映身體狀況：

性方面的疾病、性能力的問題，或是，女人婦科的問題、男人可能有前列腺癌，當然，也包括泌尿系統相關疾病。以脈輪的角度來講，如果，你的脈輪所涵蓋的生理區域出現症狀，通常就是那個脈輪的能量，出現了失衡的現象。

透露情緒功課：

因為身體對應的器官在這裡，我特別要提「生殖器官」，因為這個脈輪跟「生殖」有關。生殖器，最早、最原始的功能，是為了要「生殖」、「生產」嘛，也就是生產小孩、傳宗接代。隨著時代的演進，「生產」這兩個字，也演變成了「生產力」。生產力，包括你的創意、創造力、工作能力。因此，如果你能夠發揮你的創意、創造力，也能夠努力工作的話，就能夠創造財富。於是，這個脈輪也就跟你的金錢能量，有著密不可分的關係。

也就是因為這樣，**第二脈輪透露的情緒功課，跟你的創意有關、跟你的工作有關，也跟你的金錢有關！另外，這個地方和「人跟人之間的關係」有關，關係包括：親情、友情、愛情。**好，這個地方很有趣，它也會儲存罪惡感和自責的能量。

你怎麼記憶呢？可以從「人類演進歷史」這個角度來看。

好久、好久以前，我們人類的社會是屬於海底輪的社會，那個時候，我們以狩獵為生，總是會依附在一個團體下，為的是什麼？為的是壯男外出打獵得來的食物，為的是生命安全受到族群的保護。因此，我們會依附在一個部落下面，讓那些長老們掌管大事，年輕男子負責打獵、打仗，老弱婦孺則縫衣服、煮飯，比較沒有地位。因為要生存嘛，所以我們把一部分的權力，交給這個團體，也交給上面，所以，我們是依附在一個團體下面過日子。正因為這個理由，我們剛才講說，海底輪跟團體的能量有關，對吧？依附團體是為求了生存，所以，海底輪跟生存的能量，也有著極為直接的關係。

後來，人類的社會結構改變了，維生的方式也進步了，因此，個人就不再像原始部落時代，需要緊緊靠著團體，才能求生存。於是，我們開始從團體脫離出來，一心想要尋求獨立。在獨立的過程當中，可能會產生一些掙扎，或是，引起權力的鬥爭，甚至還會產生罪惡感。我們將例子縮小到一個家庭來看好了，當我們長大了、想獨立出去了，是不是會在內心掙扎：年老的父母誰來照顧？這個掙扎，是不是會讓你感到罪惡感？另外，有些人在爭取獨立的過程中，需要在家裡鬧革命，造成極大的衝突，形成「關係上的緊繃」。獨立出門，是不是要自己創造豐盛？至於，如何創造金錢？當然是發揮創意、努力工作、建立人脈囉！

我之所以舉這個例子，是希望幫助你記憶，第一、第二脈輪所透露的情緒功課。**第一脈輪和家庭、團體、文化有關，也和生存有關。第二脈輪跟金錢、人際關係、創意、罪惡感有關。**

第三脈輪，對應身體哪些部位？反映哪些身體狀況？透露哪些情緒功課？

好，接下來是**第三脈輪，也就是「太陽神經叢」，或稱為「太陽輪」**。

對應身體部位：

有人說，**第三脈輪在我們的肚臍眼附近。我個人把它定位在肚臍眼以上，以及胸腔以下，就是你的上腹部的意思。這裡，涵蓋你身子重要的器官——肝、膽、腸、胃、脾臟。**這邊的腸，指的是小腸。另外，還有腎臟，都在這個脈輪的勢力範圍內。以身體的背面來看的話，它對應的脊椎屬於中段。

反映身體狀況：

假設，你這邊的內臟有問題的話，通常就表示，這個脈輪有能量失衡的問題。這邊有一點非常有意思的，可以特別提出來，那就是關節炎，是跟第三脈輪的能量有關。我為什麼要特別提出來？因為你想像不到啊！也許你心裡正納悶著：「你不是跟我們講，這邊主要是肝、膽、腸、胃、脾、腎的能量嗎？怎麼『關節炎』會由它來管？」很有趣，對吧！最後，你們都知道胰臟吧！西醫談的胰臟，其實跟中醫的脾有關聯，是很被忽略的。在中醫的眼裡，糖尿病不單是胰島素失衡，而是整個脾經能量需要調整，西醫因為不太重視，或說，根本不知道脾經的存在，往往視糖尿病及胰臟癌為無藥可醫的絕症。

透露情緒功課：

太陽神經叢，對應的情緒包括信任、力量、自信、自尊。如果，每個脈輪，都用一個名詞來代表的話，**第一個脈輪，指的就是「生存」，第二個脈輪，就是指「關係」（或「創造」），第三脈輪，就會用「力量」這個名詞來呈現。**「力量」，我們通常一聽到這個名詞，就會覺得它是正面的意思。也許，不一定完全是正面，但是，你就覺得它是有力的、強勢的，對吧？其實，這邊的力量，有可能代表「過多的力量」，也有可能是「力量不夠多」的意思。也就是說，這個脈輪會影響到你跟你身邊周遭人士——包括你自己力量的拉鋸與消長。有的時候，你會把你的力量給別人；有的時候，把力量抓在這邊太多。不管是哪一樣，都會直接反映在這個脈輪裡。

換個角度來講，力量後面，不就是信任嗎？你對這個人信任多一點，就會給他多一點力量，你如果對這個人不太信任，你就會抓多一點力量在自己的手裡。這應該可以理解啦！另外，恐懼的情緒，通常也會積存在這裡。當你感到力量不夠的時候，自然就會覺得恐懼，是吧？當然，要是有了足夠的力量，你也就覺得自信心十足，自信心堅強了，當然就顧得了你的自尊。

有許多人，在這個脈輪出現問題，追根究柢起來，是因為他們跟別人之間，有力量拉扯及拉鋸的現象。除了力量的取得之外，有很多時候，我們會莫名其妙地以為：「喔！他之所以會有這些問題，都是我的責任，是我的不對，是我做得不夠好。」也就是說，在潛意識裡，我們深深認為，自己必須要對別人的情緒負責任。這個是將力量往外交到別人手裡，也是第三脈輪失衡的其中一個常見的原因。因此，我在協助客戶自我療癒的時候，指導靈通經常會要我引導他們說：「我已經準備好，將能量收回來放在自己身上；我也已經準備好，釋放要對別人喜怒哀樂負責的想法。」

從第三脈輪以下的脈輪，通常都被稱為是「低脈輪」，指的是「位置比較低的脈輪」。再強調一次，這不並代表它比較低等，比較不重要，絕對、絕對沒有這個意思！它們只是位置比較低而已。在靈性成長的過程之中，有很多人聽到這個名詞，就直覺認定說：「哎喲！它們是低等的，一點也不重要，我要把我的焦點，全部都放在心輪以上的『高脈輪』上！」

這樣的想法及作為，其實會造成能量失衡的現象。請各位千萬記得，**每個脈輪，都一樣重要，都和你的靈、心、身的健康息息相關、密不可分。**

低脈輪，又被稱為「情緒體」。顧名思義，就是指「情緒的身體」，也就是說，情緒能量的所在。根據這個說法，**「情緒體」是指太陽神經叢以下，包括太陽神經叢、臍輪和海底輪的能量**。在不久的未來，我們進行到了第八週的課程時，教你如何看到、或感受到能量的時候，會再仔仔細細地說明一次。

另外，還有一種說法，認為第二脈輪，就是我們的「情緒體」。現在這個階段，你不必太在意「情緒體」到底在哪兒。因為，它不過都是一些說法而已，精準的位置在哪裡，真的都無所謂！你只要記得，你的指導靈，你家老大，就是你最棒的指引。你越信任祂們，祂們讓你知道的，就越清楚、越有價值！

第四脈輪，對應身體哪些部位？反映哪些身體狀況？透露哪些情緒功課？

好，接下來我們再往上移動，來介紹**第四脈輪，也就「心輪」**。

對應身體部位：

為什麼叫做「心輪」？因為有我們的心臟在裡面。另外，**整個胸腔、背部的上半段、脊椎的上段，包括你的肩膀，手臂，手掌，這個地方叫做你的心輪**。好，你不難想像，**它跟心臟、肺臟、氣管有關，因為，這些器官全都位於心輪。當然，對女人來講的話，乳房也在這裡。**

反映身體狀況：

你哪邊器官有問題，大概就是對應哪個脈輪。所以，乳癌、支氣管炎、肺癌，以及，與心臟相關的各種心血管疾病，都反映在心輪的能量。

透露哪些情緒功課？

很簡單，**心輪透露的情緒功課有：愛、恨、原諒。**我們不難想像，心輪跟愛有關。愛的反面，很多人會說是恨，因此，它也跟憎恨、憎惡、厭惡有關。有很多時候，恨，釋放了，愛，自然再度油然而生。而釋放了恨之後，要談原諒他人，也就變得容易許多。

倘若，一個人還沒有真正原諒，他的心輪通常會緊緊閉起來。我知道，你們有些人已經是光行者，有些人打算再多學習一些靈性工具，在不久的將來，想要開始行光。提醒你們一件事情：如果你的心輪是開著的，什麼叫心輪是開著呢？就是你能夠勇敢地愛，不管會不會受傷，而且都願意真心原諒，無論誰對誰錯。心輪打開了之後呢，在你協助別人自我療癒的空間裡，將滿溢愛與慈悲，也足夠讓你幫助別人穩定磁場，自我療癒的效果會特別好。

當然，這就是為什麼我們要能靈性開悟，或是，進一步成為一位光行者，真的需要自我療癒！

如果，你真的可以走到這個境界的話，你也不用擔心有沒有客戶。為什麼呢？因為，**你的心輪是開著的，你出去的能量，就是愛跟慈悲。在你的能量場當中所記載的，曾經自我療癒的那些印記，就會幫你帶來你的客戶。**請你牢牢記住這句話，這句話，我個人把它當作是座右銘。它真真切切地幫助我，走過無數個為了錢憂慮的日子，甚至是分分秒秒。我每次一擔心的時候，我就會想說：「我不用擔心，我人生走的每一刻，都是有意義、有目的的。」因此，當生活出現問題的時候，我的本能反應，就是很認真地自我療癒。也許和各位一樣，我還有更多的功課要做，可是，我基本上就是很願意學習，也很願意讓自己從受害者的悲情中，超脫出來。雖然有的時候，我也會忍不住訴一下苦啦，或是逃避一陣子，畢竟我們都是人嘛，都會的！可是，我大致上都是願意學習，也甘願從困境中成長的。

因此，我的能量場當中，記載著很多自我療癒的印記。

這些印記就會幫我吸引來，那些我根本不認識的人，

我也不曉得，為什麼他們會來找我，怎麼找到我的！

我猜想，他們可能自己也說不清楚吧！

總之，請你記得：**不管你學通靈，是不是要成為光行者，是不是要當一個能量工作者，自我療癒，真的遠遠大於一切。**你如果願意這麼做，而且能夠做到的話，那些莫名其妙的人，就會莫名其妙地被你吸引來。所以，各位光行者們，不只是你懂得閱讀別人的能量而已，其實你的客戶——或說，你的準客戶也在閱讀你的能量。只是，他們可能不像你，比較敏感。你的意識上知道，你在閱讀他們的能量，他們在意識上，則不清楚自己其實也在這麼做。

再強調一次，心輪打開，真的很重要。不管你要不要當光行者，對你個人的成長來說，也非常重要。這就是為什麼，在我的體系之下，我都會輔導我的客戶，或者是我所訓練出來的光行者，真心原諒那些該原諒的人。為的不是他們原諒的對象，而是為了自

己。記得，原諒別人，就是放過自己。

最後，如果要用一個響亮的名詞，來代表心輪的功能或能量，很顯然易見地，我們會用「愛」這個名詞囉！

第五脈輪，對應身體哪些部位？反映哪些身體狀況？透露哪些情緒功課？

接下來再往上，就是**第五脈輪，也就是「喉輪」**。

對應身體部位：

喉輪，包涵我們的喉嚨、脖子、下巴、嘴巴，也就是嘴巴以下，胸口以上的身體區域。以器官來說，這裡有甲狀腺啦、氣管啦、口腔啦、牙齒啦，都在這裡。

反映身體狀況：

除了因為這兒器官所對應的疾病，像是甲狀腺機能亢進、口腔癌等等，我要特別提出來一點，請大家注意一下。如果一個人，他有癮頭的話，譬如，他上癮的方式是喝酒啦、抽菸啦、吸毒啦、大吃大喝啦，也跟這裡有關。為什麼？因為嘴巴在這裡。就因為這樣，**嗑藥、酗酒等上了癮的能量，會反映在喉輪這裡**。關於這點，還有另外一種說法，認為上癮的問題，會反映在第二脈輪之上。

透露情緒功課：

這個脈輪所連結的情緒能量，包括我們怎麼表達個人的聲音，也包含我們的溝通能力，還有對於自己的定位、對於自己的認同。在古老的印度文化當中提到，說我們如果靈性開悟了，我們的「亢達里尼」能量（Kundalini），會從你的海底輪，像一條蛇一樣，往上竄到你的心輪，幫助你心輪大開。然後，它再會上昇到你的喉輪，這個時候，你就可以表達出靈魂的本質，也就是——愛和慈悲。因此，這裡的能量跟表達自己也有重要的關聯，尤其是真實的自己——當然，就是你的大我，或者說，就是你的靈魂。假設，你能夠勇敢說出自己內心所相信的宇宙真理，還有對於自己真實身分的認同——譬如說，如果你是一位光行者，你能抬頭挺胸、氣宇軒昂地宣告世界，那麼，你這裡的能量，就是活躍而開心的。相反地，要是你不敢跟別人坦白你是光行者，或怕別人用怪異的眼光看待你的通靈本能，就怕人家覺得你是巫婆、怪物，那麼，這裡便會出現能量堵塞的情形。

我們可以再進一步推論出來，**喉輪這裡的能量，還跟你是不是能夠勇敢追求夢想，以及怎麼樣運用你個人的創造力，開創屬於自己的個人成就有關。**用一個名詞來代表喉輪的特色，那會是什麼呢？我想，聰明如你，一定猜得到吧！沒錯，那就是「溝通」。

第六脈輪，對應身體哪些部位？反映哪些身體狀況？透露哪些情緒功課？

好的，我們接下來再往上走，來到第六脈輪，**也就是「三眼輪」。這個脈輪，道家稱為「天眼」。**

對應身體部位：

三眼輪，包括我們的眼睛、鼻子、耳朵，還有，額頭、大腦這些地方。也就是在嘴巴以上，頭頂以下這個區域。為什麼叫「三眼輪」呢？因為，除了外在的雙眼之外，我們其實還有另外一隻眼——第三隻眼睛。它在哪裡呢？來，先用你的手指，找到你的雙眉正中間，等找到這個點之後，再開始想像，這個點往你的頭腦裡，深入大概八公分左右，那個點就是你三眼輪的中心點，也就是我們「天眼」的位置。

反映身體狀況：

這個地方對應的器官，你已經都知道了，會有哪些器官、生什麼病，也不難想像。我就不多說了。特別值得一提的是，**大腦裡的松果體，在我們中腦後方，呈扁錐型，大概是一顆豌豆的大小。有些人認為，它藏著人類「靈性及生命密碼」，能夠幫助人們自我療癒。近年來，更有學者在松果體裡，發現像視網膜的感光細胞，這證明松果體也有「視覺」。因此，他們又被稱為「第三隻眼」。**另外，新時代靈性人士更相信，當心靈情緒得到療癒，這裡會分泌神奇的能量，能幫助我們療癒像是癌症、愛滋病等絕症。

來，特別提醒一下喔！如果一個人脊椎有問題的話，可能和第二、三、四脈輪有關。我們前面說過，**脊椎上段對心輪，中段對太陽神經叢，下段對的是臍輪。那麼，整條脊椎的能量，是和三眼輪連結在一起的。**為什麼呢？因為，你的腦子位於三眼輪，對吧！另外，我們也知道，整條脊椎是跟大腦連結起來的。當然，和神經系統相關的問題，也跟這裡有關。為什麼？因為，神經跟大腦也是連結起來的。

透露情緒功課：

三眼輪，它對應的情緒包括：你怎麼看待自己。還有，你是不是能夠相信自己內在的聲音、內在的智慧。當然，還有你跟「上面」連結的順利與否。在這裡，我說的「上面」，就是指宇宙、天使、你家老大啦等等。所謂信任自己內在的聲音，是指你能不能相信你的直覺、第六感、大我等等。如果說，你這個脈輪的能量場開了，你的第三隻眼開了，你在通靈的時候，通常就會看到一些畫面，而且還滿清楚的。當然，這就是道家所說的：「開天眼」。指的就是，這邊的能量打開了的意思。

如果，要用一個名詞來代表三眼輪的話，我會建議「內觀」。

第七脈輪，對應身體哪些部位？反映哪些身體狀況？透露哪些情緒功課？

好，我們再繼續往上，來到頭頂，成為**第七個脈輪，也就是「頂輪」**。

對應身體部位：

第七個脈輪，就在你的頭頂，你甚至可以講，包括你的頭頂以上，勢力範圍超過你的肉身。有人說，延著人類身體中心的主要脈輪，一共有十二個。我們這裡講的最後一個脈輪，還是在我們的肉身上，也就是說，連結在我們身體上的脈輪，一共有七個。但是，再往上走的話，還有更多，可以再找到五個。它們大部分都是連結宇宙及靈性的能量。

反映身體狀況：

頂輪，對應的身體區域，包括你的肌肉、骨骼、皮膚。因此，以脈輪的角度來講，如果皮膚、肌肉、骨頭出現了狀況，很有可能是頂輪失調。

透露情緒功課：

這個脈輪，就是你直接連結靈性能量的能量中心。它被翻成「頂輪」，英文Crown就是指皇冠的意思，因為皇冠都戴在頭頂囉！我們知道，你在通靈的時候，就是靠頂輪跟三眼輪來連結上面的能量。所以，我才不斷跟你講：「請你把頭頂打開，後腦勺打開。」如果，你這邊緊緊閉起來的話，就表示你可能會有一些問題，需要深入探討，看看可以如何將它打開來。特別值得一提的是，很多人利用吸引力法則和宇宙合作，想要創造豐盛美好的人生，但是，在過程之中，是不是能夠相信「宇宙是你所有的後盾」，信不信任「你是被宇宙妥善照顧的」，就跟這裡的能量，有不可切割的關聯。

我們都知道，小我能看到的，就是我們肉身的一生——在地球的這一生；小我所能感受到的、摸得到的、聽得到的、吃得到的，都是物質界的東西，認為只有它們才是真的，而且是宇宙所有的真相。然而，在靈性成長的路上，我們已經發現，除了這些所謂的「實相」之外，還有其他的元素，還有宇宙、還有神明、還有指導靈、還有天使。另外，我們來這邊，不是來受苦的，而是來學習、是來創造、甚至是來享樂的。**我們來地球這所靈性大學，是在一個完美的計畫之下，一步一步來成長、進化，一生一世去玩樂、創造的。這個完美的計畫，英文叫 Divine Plan，或是 Pre-birth Contract，有人將它們翻譯成生命的藍圖，或是生前合約。**

倘若有一個人，他不信任生命，也不信任宇宙，更不相信自己並非隨機出現在地球上，而相信是莫名被丟到這兒來受苦的，那麼，他和宇宙的連結，就會被自己一刀切斷，總是覺得自己很孤單，都沒有人照顧他，一生都是一個人孤孤單單的。這些，很有可能是頂輪失調，也就是頂輪可能是緊緊閉起來的。

要是將以上訊息濃縮成一個名詞來代表頂輪，我會建議「靈性」。

七個脈輪，和顏色、音符有關係嗎？

有的。

再一次，我們由下而上來看，每個脈輪，都會對應一個顏色、一個音符。

記得彩虹，一共有七種顏色吧？小時候，上自然課的時候，是不是都背過？**彩虹的**

七種顏色：紅、橙、黃、綠、藍、靛、紫。這個順序，正好對應七個脈輪，由下而上的序列。因此，你可以自己去配一下，看哪一種顏色，配哪一個脈輪囉！**以音符的順序來看，它們也是從第一脈輪對應到頂輪，分別就是DO、RE、MI、FA、SO、LA、TI。**目前，你知道這樣就夠了，假設你以後對於「色彩療法」，或者是「音樂療法」感興趣的話，可以再去找更多、更深入的資料！

閱讀脈輪的目的為何？

我們之所以要花那麼多的篇幅、時間，來解釋七個主要脈輪，對應身體哪些器官、透露哪些情緒功課，為的是要看看，我們的身體哪裡出了問題，而這些身體的症狀，後面又透露出哪些情緒問題。

為什麼要知道這些訊息呢？當然，就是要幫助我們靈、心、身平衡。假設，**我們主要的脈輪能量都是平衡的，我們的能量就是美好而健康的，這麼一來，不管是想要創造豐盛，或是，想活得喜樂自在，就變得輕而易舉囉！**

要跟你特別提醒的是，如果你能充分信任你家老大的引導，像小孩子玩遊戲一樣，輕輕鬆鬆來閱讀脈輪的能量，你所收到有關於身體的各種訊息，可能會比現代醫學儀器所檢驗出的結果，還要來得精準呢！不管是超音波掃描器，或是斷層掃描等機器，雖然能夠測出身體的狀況，但是卻無法得知，是什麼情緒能量的累積，造成了這些所謂的症狀或疾病。

當然，我們還是要鼓勵你，身體有了狀況，還是到醫院做檢查，以及找醫生看病。假設，你還想從能量及靈性的角度，來找出更多全方位自我療癒的可能，那麼，請指導靈透露脈輪的能量狀態、情緒功課，就更能幫助你了解，除了直接從身體症狀下手之外，還有其他更多、甚至更治標的不同選擇。

接下來，還要鄭重強調一點。

「道可道，非常道」，也就是說，宇宙的真理，真的是浩瀚無垠，三言兩語實在說不清楚，我一個人，也不可能用人類的語言，將它說明完整。好，換成白話來解釋，就是說，我在這兒提供的脈輪的資訊，來自於我個人閱讀的知識，以及通靈的累積經驗，你若是還想知道更多，鑽研得更深、更精，我十分鼓勵你多上一些課、多看一些書。如果這裡的訊息，跟你所吸收的不同，請你自己找到一個舒服的地方站著，不用再感到百般掙扎、痛苦不堪。當然，更棒的是，你要是能跟這些脈輪混得越熟，就越能了解它們的功能、意義。

還是那句老話，你家老大絕對是你最棒的老師。

還是要請你，完全完全信任祂們的教導囉！

若能充分和你家老大合作，你一定會學得很棒的。

現在，就讓我們來練習「感應脈輪的能量」吧！要特別點出的是，這裡所提供閱讀脈輪的練習，還是以收取「情緒功課」為主。這並不表示，接收「身體健康」的訊息不重要，當然，你還是可以朝這個方向前去。只是，我個人的信念是，所有身體的症狀，都來自於情緒能量的累積，從情緒下手，才是治標之道囉！假設，你的目標是成為能量工作者，或是所謂的靈療師，你還是可以請指導靈給你身體相關的訊息囉！

交叉練習法——我為人人，人人為我

第一次練習：

1. 請至少約一位「指導靈麻吉團」的夥伴，找一個安靜的空間，面對面坐著，或者，透過電話、Skype等語音軟體來進行也可以。建議你，在這裡找的夥伴，最好是從初級就開始，一路和你練習到高級的老戰友囉！因為大家程度相當，一起創造出來的能量共振，才是最棒、最讚的！
2. 兩兩一組，彼此幫助對方連結他家老大，在老大們的引導之下，花半小時到四十分鐘的時間，來交互感應對方的脈輪能量。
3. 請依循原則，由下往上看，一個脈輪、一個脈輪來。如果，你們一組分成A跟B的話，A可以先幫B看第一脈輪，看完之後，反過來，再由B幫A看第一脈輪。等兩個人第一脈輪都看完了，再移到第二脈輪，也就是交互感應、交叉練習的意思。
4. 首先，我們來看看每個脈輪旋轉的方向。每個脈輪都有旋轉的方向，也會有顏色的不同，大小、形狀也不一。以旋轉的次數來講，通常一個能量運作正常的脈輪，可能順時針轉個大概半圈，或是一圈、兩圈、三圈，然後，再逆時針轉個半圈，一圈、兩圈或三圈。如果，它順時針轉半圈，它大概就會逆時針轉半圈的意思。同理可知，如果它順轉一圈，大概就會逆轉一圈。根據我個人到目前的經驗，最多不會超過三圈吧！我還不曾看過，轉三圈以上的脈輪！

另外，如果有一個脈輪，只朝著同一個方向不停旋轉，而且，你感覺它旋轉的速度太快的話，通常就是失去了平衡。脈輪順轉，通常代表打開得太大。如果是逆轉的話，通常就是緊緊地閉起來的意思。所以，你自行判斷一下。假設，你不是很清楚：「我哪知道，它是不是轉太快？」或者，有這樣的疑慮：「我怎麼知道，它正常旋轉的速度是什麼？」很簡單，就請指導靈告訴你啊！你大可以問說：「祢可不可告訴我，它正常的速度大概是怎麼樣？」然後，你大概就會有一個標準，可以拿來做比較囉！

再苦口婆心當一次歐巴桑，這裡所謂的「看」，並不是說，你很清楚地在視覺上，看到有一個輪子，在你面前轉啊轉的。你有可能在視覺上，什麼也看不到。但是，就是會有一種感覺，覺得你好像看到輪子，或者，可以感覺出來，有一個輪子在你面前轉動，可能先順轉，再逆轉。請放開心胸，保持警覺，好好去觀察一下。

請記得，請先看脈輪旋轉的方向，再看它們旋轉的速度。你可以一邊閉起眼睛來看，同時，一邊轉述你所看到的、或是感應到的現象。

5. 接著，我們再來看脈輪的顏色。我之前告訴過你，七個脈輪由下而上，所對應的顏色是：紅、橙、黃、綠、藍、靛、紫。在看脈輪的過程裡，有的時候，可能某種顏色，會變得特別明亮，或是特別黯淡等等，不一定，你可以仔細去感覺一下。千萬記得，這沒有什麼對，也沒有什麼錯的問題。還有，不同的人來看，都有可能不太一樣，所以你不用擔心，有什麼對跟錯的問題。

另外，指導靈會用你所瞭解、你所知道的方式，來讓你感知脈輪的獨特訊息。不過，以經驗來談的話，大致上，脈輪旋轉的方向不會差太多。也就是說，如果這個脈輪，明明就是順轉很快，你卻看成逆轉，那麼，很有可能是你看錯了。這個是比較容易分辨出來的。至於脈輪顏色的深淺、形狀、大小，這些就很難講了。

因此，請不用太拘泥在這上面，好嗎？

總之，大原則是，請不要期待，會出現什麼「標準答案」囉！

6. 好，看完顏色之後，我們再來接收「透露的情緒功課」。你可以問指導靈說：「我的夥伴在這個脈輪上，有什麼情緒的功課要注意的？」如果，你記不得什麼脈輪，對應什麼情緒功課，你就回頭去看看，我前面針對每個脈輪，所做的「透露情緒功課」單元，或者，直接翻到「重點複習」裡的條列說明囉。比如說，在看第一脈輪的時候，你突然覺得「原生家庭」這四個字，很有感覺，你就說告訴你的夥伴：「嗯，你有原生家庭的問題！」放心，你可以一邊看資料，一邊接收訊息的。大膽玩玩看吧！

你甚至可以再仔細地追問一下，記得嗎？在中級的課程裡，你們學過接收療癒內心受傷小孩的訊息，因此，你可以再進一步問：「是來自媽媽的問題，還是爸爸的問題？是哪一類的問題呢？」這些，都可以再一步一步問出細節來。提醒你，當客戶的人也可以自行發問，因為，這是一個互動的練習。因此當客戶的人，不要只聽對方一直講、講、講，被閱讀的人，同樣可以發問的。記得，兩個人可以互動，好嗎？如此一來，就等於模擬一場職業的通靈課程囉！

7. 假設，這四十分鐘裡，你們只能看完兩個脈輪，無所謂！請接受，它是最完美的結果，沒有必要急著把七個脈輪全部都趕完。那通常也不太可能。因此，請確實掌握一下時間。一般來說，七個脈輪要全部都看完，至少、至少、至少得花一個小時的時間。假設，你連身體症狀或疾病都要看出來的話，大概會需要兩個小時，才有辦法收到比較完整的訊息囉！所以不用急！你先看一個脈輪，看完了之後，再換手看相同的脈輪，等結束之後，換回來再繼續下一個脈輪，能看多少，就算多少。

8. 我們來設定一個目標，在這段時間內，請兩位看完所有「低位置脈輪」的能量，也就是旋轉狀況、顏色、透露的情緒功課。請盡量朝著這個目標前進，假設你們都盡了全力，還是看不完，沒關係，只要再多加練習就可以囉！

9. 老生常談，但很有用：你們如果越能夠抱著玩耍的心態來練習，不用擔心會犯錯，那麼，練習的效果就越好。

中場休息時間：

請你們討論一下，剛剛練習的心得。扮演客戶的，請回饋給通靈人，看他哪些地方說中了，哪些地方讓你很有共鳴；哪些地方，你覺得與事實不符，或是沒有感覺。另外，你們也可以記錄下來，在閱讀脈輪時，碰到了什麼樣的困難。

第二次練習：

請重複以上的步驟，彼此請對方的老大，讓你們看看「高位置脈輪」的能量狀況。高位置脈輪，指的是心輪、喉嚨、三眼輪、頂輪。

中場休息時間：

請你們討論一下，剛剛練習的心得。扮演客戶的，請回饋給通靈人，看他哪些地方說中了，哪些地方讓你很有共鳴；哪些地方，你覺得與事實不符，或是沒有感覺。另外，你們也可以記錄下來，在閱讀脈輪時，碰到了什麼樣的困難。

接著，看看幾個真實的故事：

有一次，我幫一個客戶通靈，在這裡，我們就叫她喬琪亞（簡稱G）。在她家老大的引導之下，我看到她的右腳，感覺起來，在小腿前方，好像有一條像是螢光線的東西。

我問她說：「你右小腿前方，是不是有什麼問題？」

G想也不想，就隨即回答我：「沒有，還好啊！」

接著，我感覺到那條螢光線開始發癢，又問她：「你那裡是不是會癢？」

「對、對、對，」G突然想起來：「冬天的時候，這裡會很癢！」

還有一次，我在通靈狀態之下，看到一位客戶的胃裡，有一個看起來很噁心的毛線球。特別的是，那個毛線球是綠色的，是那種黑黑的綠色，看起來不是很舒服，而且，感覺起來，還黏答答的。一問之下，客戶反應說，他一害怕的時候，就會感覺到胃痛，或者，感覺胃整個糾結在一起，又緊又漲。

在這裡，說這兩個故事，是要告訴你們，除了旋轉方向和顏色之外，指導靈會用你、或客戶所能接收、理解的方式，也就是根據你們資料庫裡的資料，來傳送脈輪相關的訊息。有的時候，收到的是圖像；有的時候，出現的是身體的感受；有的時候，甚至會是某種隱喻。

教我通靈的老師赫里斯，就滿重視脈輪的顏色。她可能會看到，你海底輪的顏色是鮮紅色，表示身體很健康。假設，她在這邊還看到白色，白色對她來說，是靈界的能量。不過，這個對我來說，並沒有任何意義。因為，這個不在我的資料庫裡，懂我意思吧！所以啊，通靈是一件很有趣的事情。不要以為，每個人都會看到一樣的東西，真的，都不一定。它沒有標準答案。

第三次練習：

請再重複以上的步驟，針對七個脈輪，進行第三次練習。這一次，請放開在這裡所學習的脈輪知識，也就是說，跳脫脈輪旋轉及顏色的既定認知，完完全全打開你的想像力，看看指導靈會透過什麼方式，來給你相關的訊息。請記得，要是無法明白，所收到圖像或其他訊息的涵義，請先照實轉述給你的客戶知道。要是連客戶也沒有共鳴，就再請指導靈用你們可以理解的方式，再進一步給更多細節囉！

重要提醒

不管你在哪裡學到的脈輪知識，都是原則，請你當作參考即可，不用太依賴它們，也不要故步自封。就像我雖然跟你講，脈輪旋轉的原則，順轉跟逆轉的意義，雖然有參考價值，但是，還是有很多例外和個人的特殊能量狀態。如果，有人的某個脈輪一直逆轉，速度或是旋轉的能量還算正常，這不代表它完全失衡。

請你記得，這些原則不是百分之百的絕對。因為，你的客戶或你的朋友，很有可能，就是那個例外。所以啊，與其去追求一個標準答案，不如加強你跟指導靈的連結，永遠把你的頻道大大打開。另外，當你緊張、不確定、害怕犯錯的時候，請永遠慈愛地接受那個想法、那個情緒，把它們想法放到一邊去，給它們更多的愛、更多的光，然後，再把頻道打開，藉由調整呼吸把氣球推高，那麼，你收到東西會比較多、比較精細，也比較精準。

進步神速小撇步

你走在街上、搭捷運，或坐在公園、用餐的時候，都可以偷看旁人的脈輪狀態。你就暗自問他們的大我，誠心跟祂們說：「我想練習看脈輪，請祢幫我好嗎？」通常，祂們都會願意的，只不過，是你沒有辦法在當下或事後，得到印證就是了。就算你有機會跟陌生人攀談，假設你看到她的子宮有能量反應，覺得她可能有子宮肌瘤的問題，結果，你跑去問她說：「喂，妳有子宮肌瘤嗎？」這個人應該會覺得你很怪！！因為她根本就不認識你，對吧？

那麼，為什麼要以陌生人為練習對象呢？因為，你不會得到印證，所以才敢放膽去玩哪，是不是？記得嗎，你們又愛又恨的小我，是最怕犯錯的，只要一怕，頻道立即緊縮！即便經驗豐富如我、我的老師們，也是一樣。所以囉，這種練習方法對你來說，反而是一種莫大的幫助。

本週進度建議

沒有。

為什麼？

難道，Mophael不再關心我們的學習效果了嗎？

因為，你已經進階成為高級班的學生，應該試著獨立自主囉！

就像大學生、研究生一樣，請自行安排學習及讀書計畫。

自我療癒和靈性成長也一樣，到頭來，還是得學習獨立的。

每個靈魂都是如此。

沒有例外，沒有。

建議課外讀物

《Exploring Chakras》，Susan G. Shumsky 著，New Page Books 出版

《The Healer's Manual》，Ted Andrews 著，Llewellyn Worldwide 出版

☑ 重點複習

七個脈輪	脈輪名稱	對應身體部位	對應器官	疾病和症狀	透露情緒功課	顏色	音符
第一脈輪	海底輪	會陰穴，也就是位於肛門跟生殖器中間點的那個穴位。	脊椎的尾端、雙腿、雙腳	脊椎的尾端、雙腿、雙腳、直腸、免疫系統的問題	生存的議題。跟家庭、團體、族群能量、前世的記憶有關。來自原生家庭的傷害、內心小孩的負面情緒都儲存在這裡。	紅	DO
第二脈輪	臍輪	下腹部，丹田的位置，也就是把三根手指，放肚臍眼以下，第三根手指的位置。	骨盆下背部、脊椎的下段、性器官、大腸、盲腸、膀胱、臀部	性方面的疾病、性能力的問題、婦科問題、前列腺癌、泌尿系統相關疾病	關係的議題。跟創意、工作、金錢、人際關係有關。人際關係包括親情、友情、愛情。臍輪也會儲存罪惡感和自責的能量。	橙	RE

七個脈輪	脈輪名稱	對應身體部位	對應器官	疾病和症狀	透露情緒功課	顏色	音符
第三脈輪	太陽輪（太陽神經叢）	肚臍眼以上，胸腔以下，也就是上腹部。	肝、膽、小腸、胃、脾臟、腎、膽、脊椎中段	肝、膽、腸、胃、脾、腎的問題；關節炎、糖尿病、胰臟癌	力量的議題。跟信任、力量、自信、自尊有關。	黃	MI
第四脈輪	心輪	整個胸腔、背部的上半段、脊椎的上段、肩膀、手臂、手掌	心臟、肺臟、氣管、乳房	乳癌、支氣管炎、肺癌、各種心血管疾病	愛的議題。跟愛、恨、原諒有關。	綠	FA
第五脈輪	喉輪	嘴巴以下，胸口以上的身體區域。	喉嚨、脖子、下巴、嘴巴、甲狀腺、氣管、口腔、牙齒	甲狀腺機能亢進、口腔癌；酗酒、抽菸、吸毒、嗑藥等上癮的問題	溝通的議題。跟能否勇敢追求夢想、怎麼樣運用個人的創造力、開創屬於自己的個人成就有關。	藍	SO

七個脈輪	脈輪名稱	對應身體部位	對應器官	疾病和症狀	透露情緒功課	顏色	音符
第六脈輪	三眼輪（眉心輪、天眼）	嘴巴以上，頭頂以下的身體區域。	眼睛、鼻子、耳朵、額頭、大腦	癌症、愛滋病等絕症；整條脊椎、神經系統的問題	內觀的議題。跟怎麼看待自己，能否相信自己內在的聲音、內在的智慧有關。	靛	LA
第七脈輪	頂輪	頭頂，包括頭頂以上，超過肉身，直接連結靈性能量的能量中心。	肌肉、骨骼、皮膚	頂輪緊閉，不信任生命、宇宙，不相信自己並非偶然地來到地球，然後切斷自己和宇宙之間的連結。	靈性的議題。跟能否相信「宇宙是你所有的後盾」、信不信任「你是被宇宙妥善照顧的」有關。	紫	TI

WEEK 7

第七週

如何看前世——今生問題的解藥

回到前世，如何幫助我們突破今生困境？

我們的靈魂，透過不斷輪迴到地球，甚至到其他的次元、星球學習，為的是靈魂的進化，以及發展無限的創造力。每生、每世都有個學習的軌跡，記錄在一本靈魂大書，叫做「阿卡莎紀錄」裡。麥特．戴蒙（Matt Daman）主演的電影《命運規劃局》（*The Adjustment Bureau*）裡，那棟總部建築物裡，看起來像是圖書館的樓層，其實就是「阿卡莎紀錄」存放的地方。

不管在靈界，這樣的一個地方是否存在，或是，存在的方式是否像電影中所呈現的樣子，我們都可以確定，每個靈魂幾乎都有前世學習的經驗。在麥可．紐頓博士的著作《靈魂的旅程》、布萊恩．魏斯博士（Brian L. Weiss, MD.）的作品《前世今生》中，都在在印證了前世的存在。

問題是，藉由催眠也好、通靈也罷，將靈魂前世學習記憶啟動的意義是什麼？又如何幫助我們今生的學習？

好，來說個故事。

我在做廣播節目「NET——新地球轉譯器」時，常常有人因為工作碰到困難，就希望請我節目中的老師Sonya（簡稱S）、Peace（簡稱P），幫他們通靈問問指導靈，看看可以怎麼突破困境？下面就是一位聽眾朋友「小憂」的真實問題：

「因為唸了法律系的關係，所以，我一直以考上公職為目標。但是，今天我跟一個算紫微斗數的老師聊天，他說我沒有公職命，不要考試了。頓時間，我失去了方向。我明白，要找到自己的天命、自己最想做的工作，人生才有意義。所以我問我自己，究竟想要做什麼？我發現，我只是想要一份穩定的工作，不用再讓家人擔心！如果，那位老師說的是真的，我執意要去考試，究竟能不能使用吸引力法則，戰勝我的命運呢？」

現場節目進行中，我請S先通靈，看看這個前世的相關學習紀錄。

S轉說，看到兩個前世。第一世，小憂是生在一個貧窮、落後村落的一個書生，因為挺會唸書，受到整個村民深切的期望，就盼他能夠進京考上狀元。結果大考失利，小憂覺得自己很沒用，更無顏見江東父老，也不敢回老家，從此遠走他鄉做工，抑鬱而終。第二世，小憂生在一個礦工家庭，即使很有美術天分，也不敢違背家族傳統及期待，去發展自己的熱情及興趣，於是一生都在礦場中做苦工，不但埋沒了畫畫的才華，活得更是非常不快樂。

接著，我再請P傳回指導靈所提示的前世畫面。

她也看到兩世。首先出現的是：小憂是個才華洋溢的古代書生，正在認真揮毫寫書法，身旁也展示著自己的畫作，神情充滿了自信，也非常享受這份工作。另外一世的畫面：小憂是一位輔佐將領的副官，非常擅長文書工作，也流露出才氣縱橫的氣質。

小憂家老大透過S指出的前世，算是小憂今生問題直接的寫照，也就是活在別人期望的陰影之下，沒有勇氣追求自己的夢想。而P所轉述的前世經歷，是今生情形的反例，也就是小憂大力發展了天賦，鼓起勇氣追求夢想，自信而快樂地享受成功豐盛的果實。

從這個真實案例，我們可以很清楚地看出來，老大指出小憂幾個世的經驗，可以提供她今生做抉擇的參考。看她是要循著過去負面的模式，再次屈服在所謂「命運的作弄」之下，還是傾聽自己內在的聲音，勇敢追求熱情、實現天命。我個人覺得，指導靈最棒、最貼心的地方是，讓小憂看到了，過去曾經因為發展才華，而精彩創造出來的喜悅自在。

當然，這就是**我們「調閱」阿卡莎紀錄主要的目的——藉由前世的特定模式，幫助我們了解今生困境的原因，也協助我們自我療癒，做出不同的選擇。**不過，所有的決定權，還是在小憂本人！這就是，指導靈尊重靈魂自由意志的具體證明。

以通靈看前世的參考價值高嗎？

先來分享我個人的親身經歷。

我正式踏上行光之路以前，正是因為前世祕密的揭露，得到深層的自我療癒，才毅然而然地決定接受訓練，成為協助人們回到前世的「催眠療癒師」。在那次深度催眠之中，我回到羅馬時代的某個前世，發現自己遭受王子、妻子的背叛，在比武場上被害死，心中懷有不可遏抑的怒氣。在我的靈魂離開肉體前的那一刻，我的左手臂被王子砍斷，種下了我今生左肩胛骨附近隱隱作痛的原因。在老師馬修指令的引導下，我來到了指導靈「耶穌」的面前，終於明白在這一世，我要學習的功課是：「擁抱背叛，慈悲自現。」

說也奇怪，醒來之後，我的左肩胛骨長年不治的痛，竟然不藥而癒。之後，在面對前世妻子今生轉世對象的時候，也不再怒不可遏。這讓他驚訝不已、跌破眼鏡，也跟著踏上，以催眠自我療癒的靈性旅程。

以上是我藉由「深度催眠」，在專家的引導之下，親自回到前世，再一次重新體驗當時的負面經驗，而得到的深度療癒。那麼，請通靈人幫我們看前世，是透過別人來轉述當時的經驗，參考價值不會受到影響嗎？

自己教授通靈多年的馬修．恩格爾，反而並不藉由通靈來替客戶看前世。他的信念是，**藉由催眠回溯前世的經驗，是由客戶超意識裡啟動的，客戶能夠身歷其境感受到當時的經過；除了感受直接強烈之外，更能自己從中找到自我療癒的方向、甚或解藥。**

身為訓練有素的專業催眠師，我也深深贊同這論點。

然而，身為通靈人的我，替人通靈的經驗不斷增多了，有很多時候，指導靈在我沒有刻意要求的情況下，主動讓我看到客戶的前世模式。為了忠於原著，我當然還是一五一十地陳述給客戶聽。我發現，這些前世的模式，還是對當事人造成相當大的震撼，痛哭失聲、情緒失控的大有人在。我終於明白，以通靈方式幫客戶看前世的模式，還是有很大的意義，我想應該是這些紀錄，莫名其妙地觸動他們潛意識裡深層的情緒，才有感而發吧！光衝著這點，我就被說服，通靈看前世，還是有它獨特的自我療癒的功效。

回去前面所舉的實例，就來看看小憂的後續發展：

在聽了「NET——新地球轉譯器」節目中，我和S、P的回覆之後，小憂當天就寫信來，進一步告訴我們她的心聲。

「上一次，我聽到您與兩位老師，替我與指導靈的連繫，讓我差點流下淚來，我也不知道為什麼。謝謝你們，讓我有一次與指導靈溝通的機會。

關於我，為了怕讓家人擔心而考試這點，後來我仔細思考過，其實是（還）有別的原因：從小不知道為什麼，我很害怕爸爸媽媽不愛我，所以我很努力唸書。每次我拿回第一名的獎狀，他們很開心。有時候，我會抱怨唸書太辛苦，爸爸總是回答我說：『不唸書，就謀孝（台語，不成材沒有用的意思）』。所以，我想我應該是，為了不想讓爸爸覺得，我就只是一個庸碌之才，才如此執著於考上公職，才算是出人頭地這件事上。經過幾個小時的沉思，我想我能夠接受，也許我不是我爸期望的那種人，也不是我原來期望成為的那種人。我覺得，如果我不能成為，所謂社會上赫赫有名的大人物，我反而能更開心地生活著，面對它，我覺得我的心情更開心了……」

再來分享一位光行者的真實故事。

潔安，是一位靈修多年的光行者。幾年前，發現乳房長出了硬塊，醫生要她做進一步的檢查。沒想到，卻在約診的過程之中，出現了溝通的問題。所以，檢查要等三週以後才能進行。這讓潔安恐懼得不得了，不管用什麼工具，都沒辦法讓自己鎮定下來。於是，她跟我預約要和她家老大溝通。

一打開通靈頻道，我立刻就感到胸口很緊，知道這是心輪相關的功課。當她說完問題之後，我已經清晰收到了訊息。指導靈要讓她知道：「妳這裡反映出來的，是妳渴望得到母親的原諒！在今生，妳是個獨生女，嫁到美國以後，無法在母親身邊好好照顧年邁的她，心裡感到十分罪惡。這其實在妳幾個前世裡，都有一個類似的模式。妳有一世因為火山爆發的關係，被火山灰活活埋死，妳媽媽當時找不到妳，覺得很自責，所以今生黏妳黏得緊了點。至於，妳囤積在乳房的負能量，還可以再推到更早的前世。那個時候，妳們是都愛斯基摩人，妳是她的老公，親眼目睹她被人強暴，深深感到罪惡，責怪自己沒有保護好她，才讓她遭人欺負、毀了一生。」

訊息聽到這裡，潔安已經痛哭失聲，我告訴她慢慢來，我會等她。同時，我也看了一下她的乳房的脈輪，發現逆時針旋轉得挺快；而且，波長的振動更快、更急，感覺起來，也是有能量想要出來，只不過脈輪緊緊閉起來，怎麼也出不來。

我沒有急著幫她調整能量，因為，有光的訊息要她快點採取行動：「妳可以跟家人講妳的心情，說妳對於自己一人為了愛情，嫁到美國結婚生子，沒辦法親自孝養母親大人，深深覺得悲傷、自責。這裡的家人，甚至也包括妳老公、兒子，不單單是妳媽媽而已。」

潔安聽了，又情不自禁哭了起來：「我怕我跟老公說了，他會覺得我後悔嫁給了他……」

指導靈真的是慈愛的，祂溫柔地提醒她：「妳覺得妳老公聽了這番表白，真的會這樣想嗎？他應該會覺得你很孝順、很貼心吧！妳放心，把自己最脆弱的一面表現出來，才能讓家人愛上真正的妳。這對妳的兒子來講，也是很好的示範喔！」

我建議她，來上我的「綜合深度療癒」課程，藉由催眠、疏通、原諒、通靈、慈悲手、療癒內心小孩等工具，幫助她釋放好幾世以來的罪惡感，得到她真正想得到的原諒，讓乳房積存的負面能量得以疏通。我深深相信，當這份心輪的功課做完之後，乳房的硬塊，就沒有存在的必要了！

幾堂「慈悲手」及「深度催眠」之後，三週過去了，終於到了檢查胸部的時間。當天下午，潔安打電話給我，說這三週來的努力，已經讓胸部的硬塊完全消失了。當然，我一問之下，她也在檢查之前，按照她家老大的建議，對母親、老公、孩子，坦白了心中那份脆弱的感情，也就是說，她很努力地做好了功課囉！因此，會有這個一般人認為是奇蹟的結果，我一點也不訝異啊！

你怎麼看呢？這些藉由通靈調閱的阿卡莎紀錄，和自己回溯前世的親身經歷，哪個參考價值比較高呢？哪個自我療癒的效果比較好呢？也許，你可以在「指導靈麻吉團」

固定聚會時，親自告訴Mophael囉！也或者，到時候，我們可以請當場示範的老師，透過通靈來替你看看前世，讓你親身感受一下其中的滋味，怎麼樣？

如何確定，前世情節不是自己想像出來的？

說老實話，要取得實體證據，來證實這些前世的情節，不管是透過催眠或通靈而來，都不太可能。除非你的前世，是個響噹噹的人物，在人類的歷史中，有明確的記載；或者幾十年前，甚或幾百年前，你肉身下葬的墳墓，至今仍在，可以得到考證。

以個人的前世之旅而言，我記得很清楚，當清醒過來以後，我的第一個反應，就是問馬修：「我不確定，這是不是我自己想像出來的情節。」

馬修淡淡地笑著，好像早就知道，我一定會這麼問：「就算這一切，都是你自己想像出來的好了，要是這些訊息，能夠幫助你得到自我療癒，那麼，有什麼不好呢？」

我想想，也對。就沒再困擾自己下去了。

當然，在我替客戶催眠回前世的經驗裡，一般人第一次成功回到前世以後，也都會在醒轉的下一刻，問我一模一樣的問題。我就借用馬修的答案來回覆。等到我開始教授學生，如何在老大的協助下，帶回前世的重要情節時，也不斷有學生問相同的問題。我還是用相同的方式來回應！

不過，根據魏斯博士在《前世今生來世緣》（*Same Soul, Many Bodies*）一書裡的

說法，要是前世的訊息，讓我們有強烈的情緒，那麼，就表示那些情節，確實是我們靈魂親身體驗過的。另外，高靈歐林也曾經說過：「當能量振動頻率提高的時候，你的想像力是真實的。」所以啊，要是真能確定，你所接收到的前世訊息，的確是在通靈狀態下所得到的，那麼，它們就是真實的囉！

怎麼藉由通靈，進入客戶的前世？

首先，提醒你一件事。放心，是好消息。記得嗎？大多數人的前世相關訊息，都無法得到考證或證實，對吧？也就是說，你所帶回的前世情節，不會有「犯錯」的恐懼。所以囉，請善加利用這個優勢，放心大膽地去玩吧！有意思的是，你越能放手大膽地去玩，收回來的訊息，反而越有力，反而越能得到意想不到的震撼。

不過，要是客戶當下沒有共鳴，或是，沒有什麼太大的反應，也不代表你做錯了什麼。很有可能，他們只是需要一點時間，消化所聽到的消息囉！當然，無法或不願面對深層傷痛的抗性，也在其中扮演阻礙的角色。請你不用太在意，只要反覆確認自己是在通靈狀態下，收到前世相關畫面或感應就好囉！我深深相信，怎麼確認是否在通靈空間的方法，你早就滾瓜爛熟了，是吧！

好，怎麼透過通靈，進入客戶的前世呢？

很好玩，請你盡情發揮你的「想像力」。還記得歐林的名言吧？「當能量振動頻率提高的時候，你的想像力是真實的。」請務必記得，**在看前世的時候，想像力扮演很重要的關鍵角色**，你越能讓它盡情奔放出來，通靈過程和結果，就越好玩、也越有力。

進入前世操作方法：

1. 再一次，跟你之前所練習的程序一樣，進入通靈的空間裡，連上客戶家的老大。我相信，現在對你來說，是輕而易舉了吧？如果，你可以在換三口氣之後，就連上去，你真的、真的很讚！要是還不行的話，也沒關係，把「換三口氣」當作終極目標，再多加練習，好嗎？
2. 這一次，和「療癒受傷小孩」那週一樣，老大進入你的氣場以後，請祂進入你的身體裡，想像你透過祂的雙眼看著你的客戶。
3. 盡情發揮你的想像力，想像你客戶的臉孔、膚色、身材、性別、年齡、服裝開始慢慢地轉變。等你在直覺上，覺得該停下來的時候，就停下來。這個時間的長度，可能是一瞬間，也可能是三、五分鐘。如果，你就是得花個八分鐘、十分鐘，才能進入狀態，也沒關係，好嗎？相信你的直覺，盡情地玩樂，就是最高指導原則。
4. 然後，再看一看——或是感應一下。因為在視覺上，你有可能什麼也看不到，或者，根本看不清楚。好，觀察一下，眼前已經變了身分的客戶，人在什麼時代？現代？古代？人在東方？西方？接著，再觀察一下，他的面容長相、服裝儀容。

5. 再來，確定一下他所在的場景。也許，在人來人往的市集裡。也許，在兵荒馬亂的戰場上。也許，在權力鬥爭的深宮後苑裡。

6. 好，他的身邊有些什麼人？有幾個人？跟他的關係，又是什麼？父子？情人？仇敵？

7. 他身邊的人，跟他說了什麼？對他做了什麼？

8. 對他造成什麼影響？又，如何衝擊他的生活？他的人生？

9. 他當下的心情是什麼？受傷？自責？開心？憤怒？

10. 然後呢？進一步的發展是什麼？結局又是如何？

11. 這一次輪迴，他要學的功課是什麼？

怎麼從今生的問題，將前世的模式帶回來？

很簡單，可以分「客戶」和「你」兩個層面。

對客戶來說：

只要在你進入通靈空間之前，請客戶先告訴你，他現今所碰到的生活難題是什麼。然後，請他在你連上他家老大的同時，心裡一直想著這個問題即可。

對你來說：

在連上他家老大之前，請在心裡誠心誠意唸著：「我願意協助這個客戶，把他前世的重要消息帶回來，協助他靈性成長、自我療癒，請幫助我連上他的最高指導靈。」接著，就可以開始「進入前世」的操作方法，按照以上那十一個步驟進行囉！

要坦白告訴你的是：有朝一日，你甚至不用經過這些程序，客戶一坐下來，你帶他在能量上安靜下來後，就很有可能，會開始看到相關的前世畫面，你只要一五一十地，把它轉述出來就行囉！

另外，還有更讚的可能性，那就是客戶一進來，你就能感應到前世的能量，甚至，人都還沒出現在面前，你就可能開始收到畫面呢！對於這些，最好的態度就是不抱持任何期待。千萬要記得：你是個通靈人，是個愛和光訊息的管道，對於結果，不抱期待，總是放手。

建議練習

第一回合：

1. 請邀請一位「指導靈麻吉團」的夥伴，共同來練習。
2. 你先扮演通靈人；他先假裝成客戶。不管你們是面對面，透過電話、Skype、或其他通訊軟體，都可以的。
3. 按照之前學過的職業程序：問他問題，帶他靜心，開始「進入前世操作方法」。
4. 一邊感應畫面、訊息，一邊「忠於原著」，轉告客戶你所接收到的訊息。
5. 客戶可以在過程之中發問，以及和通靈人互動。
6. 通靈人可以基於「同理心」，貼心地幫客戶深入詢問，他沒想到的重要問題。

中場休息：

請客戶回饋意見，請通靈人記錄一切，包括得到印證、或有共鳴的地方，當然，也請記錄遇到的困難及問題。

第二回合：

互相換手、交叉練習。你扮演客戶；他以通靈人自居。

中場休息：

請客戶回饋意見，請通靈人記錄一切，包括得到印證、或有共鳴的地方，當然，也請記錄遇到的困難及問題。

第三回合：

1. 這個部分，可以改天再進行。請多邀請幾位「指導靈麻吉團」夥伴，至少兩位。也就是說，連你，至少有三個人。
2. 以三個人來舉例。你們分別是A、B、C。
3. A先扮演客戶，B、C是兩位通靈人，同時幫A通靈，進行「進入前世操作方法」。
4. 對B和C來說，誰先收到訊息，誰先開口轉述。對A來說，可以即時問問題。
5. B和C，針對丟出的問題，再詢問指導靈的意思。
6. 完成後，輪流換手。一直到所有人都扮演過客戶為止。

中場休息：

請客戶回饋意見，請通靈人記錄一切，包括得到印證、或有共鳴的地方，當然，也請記錄遇到的困難及問題。

第四回合：

請重複第三回合的步驟。

A針對同一個問題，再請B、C通靈進入前世。

B、C分別請指導靈，再透露另外兩個相關的前世。讓A可以明白，他現今的問題，可能有一個既定的模式。

對B和C來說，誰先收到訊息，誰先開口轉述。對A來說，可以即時問問題。

B和C，針對丟出的問題，再詢問指導靈的意思。

完成後，輪流換手。一直到所有人都扮演過客戶為止。

☑ 重點複習

◎藉由催眠和通靈回前世的差別？

催眠	是由客戶超意識裡啟動的，客戶能夠身歷其境感受到當時的經過；除了感受直接強烈之外，更能自己從中找到自我療癒的方向，甚或解藥。
通靈	通靈人在指導靈的引導下，轉述當時的經驗，藉由前世的特定模式，幫助我們了解今生困境的原因，也協助我們自我療癒，做出不同的選擇。

◎如何確定，前世情節不是自己想像出來的？

作法	1. 客戶聽到通靈的前世訊息，如果有情緒反應，就表示這個訊息是真實的。 2. 對通靈人而言，要是振動頻率是高的，想像力就是真實的。在看前世的時候，想像力是重要關鍵，你越能讓它盡情奔放出來，通靈的過程和結果，就越有力。

◎怎麼藉由通靈，進入客戶的前世？

操作方式	1. 進入通靈的空間裡，連上客戶的指導靈。 2. 指導靈進入你的氣場以後，請祂進入你的身體裡，想像你透過祂的雙眼看著你的客戶。

操作方式
3. 盡情發揮你的想像力，想像客戶的臉孔、膚色、身材、性別、年齡、服裝開始慢慢地轉變。 4. 觀察一下，眼前已經變了身分的客戶，人在什麼時代？人在哪裡？再觀察他的面容長相、服裝儀容。 5. 確定他所在的場景。 6. 他的身邊有些什麼人？跟他的關係？ 7. 他身邊的人，跟他說了什麼？對他做了什麼？ 8. 對他造成什麼影響？如何衝擊他的生活？ 9. 他當下的心情是什麼？受傷？自責？開心？憤怒？ 10. 進一步的發展是什麼？結局又是如何？ 11. 這次輪迴，他要學的功課是什麼？

◎怎麼從今生的問題，將前世的模式帶回來？

對客戶來說	對通靈人來說
在進入通靈空間之前，請客戶告訴你，他現今所碰到的生活難題是什麼。然後，請他在你連上他的指導靈的同時，心裡一直想著這個問題。	在連上對方指導靈之前，請在心裡默唸：「我願意協助這個客戶，把他前世的重要消息帶回來，協助他靈性成長、自我療癒，請幫助我連上他的最高指導靈。」就可以開始「進入前世」的操作方法。

WEEK 8

第八週

如何看能量——輕而易舉來感應

我能夠看到能量嗎？

好，這週的進度，我們要教你看能量。「我能夠看到能量嗎？」也許，你立即會有這樣的疑慮。因為，在過去刻板印象的傳聞裡，我們都以為能量莫測高深，要真能看到、甚至摸到，一定是有千年修練的功夫，才能成為能量的好朋友。

如果，你有也這樣的疑慮，請容許我來提醒你：「剛開始學通靈的時候，你是不是也曾這樣想過，認為通靈是千年蛇怪、或百年猴精，才能做得到的神奇功夫，結果現在呢？你一路努力走到這兒來，不但看到了諸多夥伴的內心小孩，感應到他們父母親當時的能量，也觀察、感受到脈輪的顏色及旋轉方向，你更看過了他們精彩生動，又寓意深重的幾個前世。你還有什麼做不到？」

更何況，我如果告訴你看能量的祕訣，你一定馬上變得胸有成竹，臉上隨即溢起自信心的神采。好，怎麼看能量呢？很簡單，就再度請你家老大、或客戶老大出馬，把訊息用你能接收的方法告訴你，就像你過去在看脈輪和前世一樣。一模一樣。

所以，你其實已經是經驗老到的專家囉！

能量分哪幾種？

在新時代的這個領域下，**一般所謂的能量，可以分成以下幾種：**

首先，**情緒的能量**。它還有對應你身體的位置。稍後，我會在回答下一題的時候，再仔細跟你們解釋清楚。另外，還有**身體的能量**、**精神的能量跟靈性的能量**。我個人認為，這是中文的翻譯，而且翻譯得不是很容易明白。

如果，用英文來講的話，就比較清楚、容易理解。

第一個，「情緒的能量」，Emotional Body。Emotion就是情緒的意思，字尾加上al，就變成形容詞。Body，中文的意思是身體。於是，有人把Emotional Body翻譯成「情緒的身體」，簡稱為「情緒體」。

第二個，「身體的能量」，英文是Physical Body，中文的意思是指我們的身體，或者，我們的肉身。也就是關於我們身體、生理的能量。

第三個，「精神的能量」，Mental Body。Mental，中文的意思是指精神的、心理的。精神的能量，可以說是我們的心理狀態。

第四個，「靈性的能量」，Spiritual Body。Spirit就是指靈魂，字尾加上了ual變成形容詞，意思是靈性的。靈性的能量，指的是我們靈魂的能量或狀態。

情緒體、身體、精神體、靈性體，都是直接從英文翻譯過來的，我個人光看這些中文名詞，覺得要理解會有困難，所以，才直接給你英文，同時解釋它們的意思。至於，為什麼都要用BODY這個字呢？我猜，是因為它們和我們的身體，都各自有對應的關係。而且，新時代談靈性成長或自我療癒，其實，是要「靈」、「心」、「身」同時兼顧的。

不同能量對應身體哪些部位？

我們，先從「情緒的能量」開始。

它包涵我們身體三個低位置的脈輪。之前我們講過，高脈輪和低脈輪，是以你的上腹部來劃分的。以下的三個，都是低脈輪，分別是「太陽輪」、「臍輪」、「海底輪」。因此，**情緒體，從你的上腹部開始，到下腹部，再到你的骨盆、臀部，包括你的雙腿、雙腳這個區域**。你可以想像，在這邊有一顆大球，就像水晶球一樣。

再來，就是「身體的能量」。

它通常出現在你的**身體的四周，也就是我們「整個人形」或「整個輪廓」的四周**。一般來說，會有三個層次，或說，共有三圈。每層（每圈）都各有不同的顏色及材質。

好，接下來，我們來看「精神的能量」。

它通常就是指你**的喉輪以上這個區域，包括三眼輪和整個頭部**。它的形狀，大概也像是一顆水晶球，將這個地方給包起來。

OK！我隱約聽到你們有人舉手發問：「奇怪，心輪呢？怎麼跳過去了呢？」根據我的閱讀及了解，有一派說法說：「心輪，是一個橋樑。它是你低位置脈輪，通向高位置脈輪的一個橋樑。」也有一派人馬說：「心輪，是高位置脈輪的起點。也就是高位置脈輪的一部分。」

在這兒，我把兩種說法都分享出來，那麼，到底誰對、誰錯呢？說真的，一點也不重要。這些，只不過是兩種稱呼罷了。當然，也是一些基本原則。我們說原則，是讓你比較好劃分，比較好記憶。因為，當你進入和老大心手相連的通靈空間，指導靈在引導你看能量的時候，經常有非常多的例外。就像我們之前在談脈輪的時候，鄭重提醒過你的一樣。

你們都已經有過經驗，在看脈輪的時候，原則是「第一脈輪對應的是原生家庭、團體信念」等等。但是，指導靈也許會因為客戶狀態不同，而特別點出來：「這個狀況，跟你自己要勇敢站起來有關。」想想看，自己要能站起來，用的是雙腿、雙腳，雖然頗有在語意上，使用暗喻的味道，但是，就不完全依據各方對輪脈統整的原則了，不是嗎？。

所以啊，你只要記得，大概有這樣的原則，就OK了。再一次提醒你，你其實是在指導靈的引導之下，接收祂們要告訴你的訊息，你越相信祂們，得到的訊息就越詳盡、越能引起共鳴囉！

最後，我們來看的是「靈性的能量」。

靈性的能量在那裡呢？它就在**你的頂輪以上**。之前也提過，有些人在談脈輪的時候，甚至還說，頂輪以上還有五個脈輪，所以，加上你身體上七個主要的脈輪，一共有十二個脈輪。當然，這個靈性體，也像是一顆很大的水晶球，出現在我們的頭頂以上囉！

現在這個階段，我們並不是要求你，用「肉眼」來看這些能量。也許，未來有一天，你能夠訓練自己成為這個樣子。在今天，此時此刻，在各方指導靈的引導之下，基本上，你都可以看到，我剛剛跟你講的四種能量。也就是說，指導靈會配合我們這兒的遊戲規則，也就是我們對能量體的分類，讓我們看到這幾種不同的能量場囉！

最後，再跟你分享一個重要的基本概念。請千萬記得：**每個人、每分、每秒的能量，都是不一樣的。**為什麼呢？因為，能量是時時刻刻都在變動的；因為，能量是活的、有生命的，也是恆久不滅的。這個真理，其實就是佛家所謂的：「色即是空，空即是色」。也許，你們以前都認為，它在講的是色情，或情色。其實都不是啊！它真正的意思是說，我們在物質界所看到的任何東西，無一不是能量。因此，「色即是空，空即是色」並不是告訴你們，要看破情慾或色慾。那可是一般人大大的誤解啊！真理是，能量因為隨時都會變動，隨時都會變換形狀、甚至結構，所以佛家才會用「空」這個字來描述。

如何觀察能量？

首先，想像你用心裡的那隻眼、或肉眼，看看它的顏色。它主要是什麼顏色？光澤偏亮、偏暗？有沒有光點？又，是不是摻雜了其他的色調？也許，有幾種不同的層次？

再來，想像你用手去摸它的感覺。用手或心感應一下，它的材質，摸起來感覺怎麼樣？表面是平滑細緻的？還是粗糙凹凸的？是硬、還是軟？它的溫度，偏冷、偏溫？

它的形狀，細長橢圓球體、正圓球體？它的密度，是有彈性的、黏黏的？還是很疏鬆的、水水的？

如何描述能量？

知道怎麼看門道，也就是如何觀察能量，就可以輕鬆將它換成語言或文字，描述能量的特色囉！事實上，這個描述能量特色的練習，可以打開你對能量的感應力，更能夠增加你對能量的敏感度。

首先，將你觀察到的顏色特徵，用語言說出來，說得越詳細越好。請你記得，幾個不同的人來看同一個能量場，很可能看到不同的顏色、色調、層次、明暗，請不用拘泥在一個所謂的「標準答案」，你越能放開對「標準答案」的期待，就越不怕犯錯，看的東西，就越清楚、越有趣。

好，再來，我們給你幾個小原則，讓你根據觀察到的能量材質，來生動且有創意地描述能量的特徵囉！

就是，從幾種感官出發，想像你摸到那能量球的時候：

觸覺是什麼？

提示：就是前面觀察到的——

表面：摸起來是平滑細緻的？還是粗糙凹凸的？

軟硬：是硬、還是軟？

溫度：偏冷、偏溫？

形狀：細長橢圓球體、正圓球體？或其他形狀？

密度：是有彈性的、黏黏的？還是很疏鬆的、水水的？

味覺是什麼？

提示：想像你用嘴巴嚐一口，看看它的味道怎麼樣？

也許你可以說，吃起來像是棉花糖一樣，綿密、細緻、甜蜜。

感覺是什麼？

提示：想像你走進這些能量場裡，看你心裡的感受是什麼？

我隨便舉個例子，譬如說：走進去以後，覺得好像在森林裡森林浴一樣，非常清新愉悅。也或者，你可以這樣來形容：感覺起來，好像寒冬夜裡坐在壁爐旁邊，很溫暖、很安心。

強烈建議：

請用實相界的某一樣東西來比喻、來形容，讓人家一聽就知道：「喔！原來是這個意思！還真貼切、真好玩呢！」

挑戰自我：

不管你是在描述觸覺、感覺、味覺，請避開用視覺和以上感覺類似的比喻。比如說：溫度是冰的，表面是滑的，你就說摸起來像冰塊。你可以試試看，用其他能讓人感覺到冰而滑的比喻，像是：殺手的鋼刀，或者，冬天的玻璃窗。再不然，材質是鬆軟的，你就說嚐起來像是棉花糖。總之，好好發揮你的想像力和創意，像孩子一樣，用力且放心地玩耍，就會做得很棒！

如何替客戶感應能量？

很簡單，又是你早已經駕輕就熟的程序：

1. 在進入通靈的空間之後，請指導靈進入你的氣場，坐在你身邊。
2. 接著，請指導靈讓你看到客戶以下的能量場（能量體）
   a. 情緒的能量（太陽輪以下三個低位置脈輪，呈水晶球狀）
   b. 身體的能量（身體輪廓外，有三個層次，或說有三圈）
   c. 精神的能量（心輪以上高位置脈輪，呈水晶球狀）

d. 靈性的能量（頂輪以上，呈水晶球狀）

3. 每進入一個能量場，就按照以上提示來逐步觀察

a. 看顏色（主色、光澤、亮點、次色、層次）

b. 看材質（粗滑、軟硬、溫度、形狀、密度）

4. 再同時用話語，仔細描述你所觀察的結果

a. 描述顏色（主色、光澤、亮點、次色、層次）

b. 形容材質（觸覺、味覺、感覺）

c. 盡情發揮想像力，用物質界的比喻來形容

如何將能量透露的功課帶回？

當描述完一個能量場的特徵以後，可以請客戶家老大透露，客戶在這兒對應的情緒或靈性功課。這個步驟的練習，也沒有所謂標準答案，請各位不要拘泥於脈輪的原則，而限制了自己接收訊息的無限可能性。

總之，**打開你的頻道，調高你的振頻，打開所有感官，放下一切知識、經驗的框框，抱持一顆好奇的心，默許願意服務客戶的志願，就是最高指導原則。**

還有個過來人的經驗可以分享，在替客戶看能量場或脈輪的時候，可以不用一個一個看，只要請指導靈先指出有問題的部位——也就是和客戶當下受困擾的問題，有最直

接、強大關聯的部分即可。

另外，在和夥伴練習的時候，請你仔細將每個能量場，都仔細觀察、描述過至少一次。未來，當你開始執業了，是不需要告訴客戶你在看哪個能量場，出現什麼樣的視覺或影像，你只需要告訴他，有什麼該注意的事項即可，尤其是和他當下最關心的問題有關的訊息，或者，能夠幫助他自我療癒、靈性成長的指引。

如何判別呢？只要全心相信他家老大，自有最好的安排。而你，只需要忠於原著，對結果放手後，去轉譯訊息就行囉！

如何增加對能量的敏銳度？

除了在指導靈的引導之下，閱讀親朋好友、客戶學生的四個能量場以外，你還可以試試以下的方法：

1. 感應一下不同的自然環境的能量：海洋、森林、山谷、洞穴、陰天、晴天、颱風天、白天、夜晚等等。別忘了，你可以請你家老大幫你，或者，連結精靈來引導做這個練習。連結精靈的方法，就和連結指導靈一樣。在大自然裡，是最好連結精靈的地方。你也可以感應一下樹木花草的能量，或者，你家寵物的靈魂。怎麼做呢？很簡單，就請你連到樹木花草、或寵物的指導靈（或靈魂）即可。
2. 感應不同場所的能量：市區、郊區、不同都市、不同車站、不同商家、夜市、廚房、廁所等等。不妨自己感應一下，也請老大帶你感應一下，看看有什麼不同的地方。

3. 每到一個新的地方、遇見一個新的人，都可以感應一下能量。
4. 每摸到一樣物品、嚐到一樣新的飲食，也可能感應一下能量。
5. 不管感應的是人、事、物或地，都別忘了試著用以上的原則，以話語生動地描述一下。熟能生巧。
6. 能量無所不在，想感應什麼，就感應什麼。像孩子一樣，用力給它玩下去。

怎麼看「氣場」?怎麼看「戴光體」?

氣場（Aura），**就是每個人的整體能量場**，它通常像一顆巨大的水晶球，將我們的人形包在裡面，也許呈現圓球體，也可能是橢圓球體。據說，**修行功夫越好、進化程度越高的人，氣場就越大，也越亮。**怎麼看它呢?很簡單，就把它想像成是「四個能量場」之一，即可。

載光體，英文是（Light Body）有很多不同的說法。有人說，它是通往高次元空間的飛行器。也有人說，它是靈魂的氣場。據說，每個靈魂天生都有載光體，就像通靈功夫一樣，在肉身中需要靠學習及練習將它喚醒。喚醒之後，會更接近靈魂的本質，通靈功夫進步神速——這點和我個人的經驗是一樣的。另外，載光體醒轉之後，也可以幫助我們更清楚天命為何，加速天命的實現——關於這點，我個人目前的體驗是：「還有待繼續觀察」。

如果，你想要學著看載光體的話，可以在「指導靈麻吉團」固定聚會時，在Mophael的引導之下，來看他的載光體囉！所以啊！加入這個團體，真的新鮮又好玩，是吧！

建議練習

第一回合：

邀請至少一位「指導靈麻吉團」夥伴，面對面坐著，或透過電話、Skype、其他語音通訊軟體來溝通。

你先進入通靈的空間，搭上夥伴他家老大。當然，要他先通靈，也行！

然後，替對方看一個能量場，用話語生動來描述一下。請記得，這個部分的練習，真的很重要，請好好用心練習，絕對不可以跳過。因為假以時日，它可以增加你對能量的感應力。

換手，請對方通上你家老大，幫你看同一個能量場，也用話語仔細描述一下。

再換回來，交叉練習。

依此類推，一直到雙方都替對方，交叉看完四個能量場為止。

中場休息：

彼此給回饋意見，並記錄遇到的困難，以及得到應證，或有共鳴的地方。

第二回合：

這個部分，可以改天再進行。請多邀請幾位「指導靈麻吉團」夥伴，至少兩位。也就是說，連你，至少有三個人。

以三個人來舉例。你們分別是A、B、C。

A先扮演客戶，B、C是兩位通靈人，同時幫A通靈，看四個能量場。對B和C來說，誰先收到訊息，誰先開口轉述。對A來說，可以即時問問題。

B和C，針對丟出的問題，再詢問指導靈的意思。

完成後，輪流換手。一直到所有人都扮演過客戶為止。

中場休息：

彼此給回饋意見，並記錄遇到的困難，以及得到應證，或有共鳴的地方。

☑ 重點複習

◎能量分哪幾種？

名稱	說明	對應部位
情緒的能量 Emotional Body	情緒體	從上腹部開始，到下腹部，再到骨盆、臀部，包括雙腿、雙腳這個區域。
身體的能量 Physical Body	身體、生理的能量	身體的四周，也就是我們「整個人形」或「整個輪廓」的四周。
精神的能量 Mental Body	心理狀態	喉輪以上這個區域，包括三眼輪和整個頭部。
靈性的能量 Spiritual Body	靈魂的能量或狀態	頂輪以上五個脈輪

◎如何替客戶感應能量？

程序
1. 在進入通靈的空間之後，請指導靈進入你的氣場，坐在你身邊。
2. 請指導靈讓你看到客戶以下的能量場（能量體） a. 情緒的能量（太陽輪以下三個低位置脈輪，呈水晶球狀） b. 身體的能量（身體輪廓外，有三個層次，或說有三圈） c. 精神的能量（心輪以上高位置脈輪，呈水晶球狀） d. 靈性的能量（頂輪以上，呈水晶球狀）
3. 每進入一個能量場，就按照以上提示來逐步觀察 a. 看顏色（主色、光澤、亮點、次色、層次） b. 看材質（粗滑、軟硬、溫度、形狀、密度）
4. 再同時用話語，仔細描述你所觀察的結果 a. 描述顏色（主色、光澤、亮點、次色、層次） b. 形容材質（觸覺、味覺、感覺） c. 盡情發揮想像力，用物質界的比喻來形容

◎如何增加對能量的敏銳度？

步驟

1. 在指導靈的引導之下，閱讀四個能量場。
2. 感應一下不同的自然環境的能量，也可以連結精靈，感應樹木花草或者寵物的靈魂。
3. 感應不同場所的能量。
4. 每到一個新的地方、遇見一個新的人，都可以感應一下能量。
5. 每摸到一樣物品、嚐到一樣新的飲食，也可能感應一下能量。
6. 不管感應的是人、事、物、或地，都別忘了以話語生動地描述。
7. 能量無所不在，想感應什麼，就感應什麼。

光行者的部落格

Mophael：靈性成長、吸引力法則大解密
http://blog.yam.com/secretteller

Mophael：回歸希望方程式
http://blog.udn.com/mophael

潔安：心靈祕密花園
http://tarotangel.pixnet.net/blog

Vanessa：艾維娜的靈療空間
http://hk.myblog.yahoo.com/Vanessa-yhso

Sonya：精靈RUSIA的光行者日記
http://elfrusia.pixnet.net/blog

怡婷：阿希達分享光與愛的寧靜空間

http://aceda.pixnet.net/blog

Peace：我的發現之旅

http://thefirstgold.blogspot.com

Sam：一棵好樹

http://blog.udn.com/goodsam

國家圖書館出版品預行編目（CIP）資料

與你的指導靈成為好麻吉：八週學會陽光通靈課程 / 李天民作. -- 二版. -- 新北市：新星球出版：大雁出版基地發行, 2024.08
面；　公分. --（生活心靈；1）
ISBN 978-626-98493-4-5（平裝）

1.CST：通靈術

296.1　　113009010

Spiritual Life 01R

與你的指導靈成為好麻吉

八週學會陽光通靈課程

作　　者　李天民（Mophael）
責任編輯　劉美欽
校對編輯　李天民、黃妉俐
美術設計　謝安琪
內頁排版　黃雅藍

新星球出版 New Planet Books
業務發行　王綬晨、邱紹溢、劉文雅
行銷企劃　陳詩婷
總 編 輯　蘇拾平
發 行 人　蘇拾平
出　　版　新星球出版
231030 新北市新店區北新路三段 207-3 號 5 樓
電話：（02）8913-1005　傳真：（02）8913-1056
發　　行　大雁出版基地
231030 新北市新店區北新路三段 207-3 號 5 樓
24 小時傳真專線：（02）8913-1056
讀者服務信箱 Email:andbooks@andbooks.com.tw
劃撥帳號／ 19983379
戶名／大雁文化事業股份有限公司

二版 1 刷　2024 年 8 月
定　　價　420 元
ISBN：978-626-98493-4-5
Print in Taiwan